Achim Schmidtmann (Hrsg.)

Saghana Karunakumar, Jörg-Michael Keuntje, Marco Penner, Achim Schmidtmann, Philipp Scholand, Daniel Schroeder, Amey Shannon Smyth (Autoren)

Sicheres Homeoffice

Herausforderungen nachhaltiger Sicherheit

Glaube dich nicht allzu gut gebettet;
ein gewarnter Mann ist halb gerettet.

Johann Wolfgang von Goethe (1749-1832)

Achim Schmidtmann (Hrsg.)

Saghana Karunakumar, Jörg-Michael Keuntje, Marco Penner, Achim Schmidtmann, Philipp Scholand, Daniel Schroeder, Amey Shannon Smyth (Autoren)

Sicheres Homeoffice

Herausforderungen nachhaltiger Sicherheit

1. Auflage

Februar 2023

Alle in diesem Buch enthaltenen Informationen, Verfahren und Darstellungen wurden nach bestem Wissen zusammengestellt und mit Sorgfalt getestet. Dennoch sind Fehler nicht ganz auszuschließen. Aus diesem Grund sind die im vorliegenden Buch enthaltenen Informationen mit keiner Verpflichtung oder Garantie irgendeiner Art verbunden. Die Autoren übernehmen infolgedessen keine juristische Verantwortung und werden keine daraus folgende oder sonstige Haftung übernehmen, die auf irgendeine Art aus der Benutzung dieser Informationen – oder Teilen davon – entsteht.

Ebenso übernehmen die Autoren keine Gewähr dafür, dass beschriebene Verfahren usw. frei von Schutzrechten Dritter sind. Die Wiedergabe von Gebrauchsnamen, Handelsnamen, Warenbezeichnungen usw. in diesem Buch berechtigt deshalb auch ohne besondere Kennzeichnung nicht zu der Annahme, dass solche Namen im Sinne der Warenzeichen- und Markenschutz-Gesetzgebung als frei zu betrachten wären und daher von jedermann benutzt werden dürften.

Bibliografische Information der Deutschen Nationalbibliothek:

Die Deutsche Nationalbibliothek verzeichnet diese Publikation in der Deutschen Nationalbibliographie; detaillierte bibliografische Daten sind im Internet über http://dnb.dnb.de abrufbar.

Dieses Werk ist urheberrechtlich geschützt.

Coverfoto erstellt aus einem Bild von RoadLight pixabay.com

© 2023 Achim Schmidtmann

Herstellung und Verlag: BoD – Books on Demand, Norderstedt

ISBN 9783738612004

Inhalt

Vorwort XIII

Geleitwort XV

Einleitung 1

Motivation und Ziel 1

Aufbau des Buchs 2

Sicheres Homeoffice 5

    Einleitung 5

    Homeoffice 7

    Risiko Homeoffice 10

    Gerätesicherheit 13

    Kommunikationssicherheit 15

    Verhaltenssicherheit 16

    Fazit 18

    Verwendete Literatur 19

Homeoffice Regelungen und Maßnahmen nach BSI Grundschutz 21

    Einleitung 21

    Motivation 22

    Der BSI Grundschutz 23

Betrachtungen zum BSI Standard 200-1 27
   Allgemeine Betrachtungen 27
   Organisatorische Rahmenbedingungen schaffen 28
   Mitarbeiter sensibilisieren 29
   Incident Management 29
   Informationsfluss 31
   Dokumentation 32
   Analoge Medien 32
Betrachtung der elementaren Gefährdungen 34
   Katastrophen 35
   Ausfall von Strom oder Internetzugang 36
   Unbefugtes Eindringen in Räumlichkeiten 37
   Diebstahl und Verlust von Geräten 39
   Verlust der Vertraulichkeit 39
   Schadprogramme und Integritätsverlust 40
   Social Engineering 42
Bausteine speziell für Homeoffice und Mobiles Arbeiten 42
Fazit 43
Verwendete Literatur 43

Kommunikationssicherheit im Homeoffice 45
Einleitung 45
   Forschungsfrage und Zielsetzung 45
   Methodik und Aufbau 46
Begriffsdefinitionen und Abgrenzungen 46

Schutzziele der Informationssicherheit 47

WLAN-Sicherheit 49

Wired Equivalent Privacy Protocol (WEP) 50

Wi-Fi Protected Access (WPA) 51

Wi-Fi Protected Access 2 (WPA2) 52

Wi-Fi Protected Access 3 (WPA3) 52

Wi-Fi Protected Setup (WPS) 53

Virtual Private Network (VPN) 54

Site-to-Site-VPN 54

End-to-Site-VPN 55

End-to-End-VPN 56

Kommunikationssicherheit im Homeoffice und in Unternehmen allgemein 56

   Schwachstellenanalyse der Unternehmen im Umgang mit Homeoffice 56

   Homeoffice-Nutzung und IT-Kompetenz der Mitarbeiter deutscher Unternehmen 57

   Schädliche Handlungen in deutschen Unternehmen und in Verbindung mit Homeoffice 61

   Infrastruktur im Homeoffice weltweit mit Fokus auf die Kommunikationssicherheit 67

   Erkenntnisse aus der Schwachstellenanalyse 70

   Optimierungsmaßnahmen 73

Zusammenfassung und Ausblick 79

Verwendete Literatur 80

IT-Verhaltenssicherheit und die Auswirkungen von
COVID-19 85
    Einleitung und Kurzfassung 85
    Begriffsdefinition... 86
        Social Engineering... 86
        Malware 88
        IT-Verhaltenssicherheit 88
        Social Engineering Attacken 89
    Risiken durch COVID-19 91
        Technische Risiken.. 91
        Soziale Risiken 93
        Fazit: Risiken durch COVID-19 99
    Maßnahmen 101
        Technische Maßnahmen 102
        Soziale Maßnahmen 104
    Fazit 107
    Verwendete Literatur 109

IT-Sicherheitsherausforderungen in Zeiten von Corona: Data-
Leakage-Prevention 113
    Einleitung 113
        Problemstellung 113
        Zielsetzung... 114
        Forschungsfrage und Forschungsmethodik 114
    Grundlagen: Data-Leakage-Prevention 115

Was ist Data-Leakage? 115
Was ist Data-Leakage-Prevention? 117
Data-Leakage-Prevention-Verfahren 121
DLP-Herausforderungen in Zeiten von Corona 122
Risiken im Homeoffice 123
Risikofaktor Mitarbeiter/Beschäftigte 125
IT-infrastrukturelle Risiken 128
DLP-Lösungen 131
Technische Lösungen 131
Organisatorische Lösungen 135
Fazit und Ausblick 137
Verwendete Literatur 138

Digitale Identitäten und deren Entwicklung während der Covid-19 Pandemie 143
Einleitung 143
Digitale Identitäten 143
Klassische Authentifizierungsverfahren 144
Erweiterte Verfahren 147
Praktische Implementationen 157
Einfluss der Covid-19 Pandemie 160
Herausforderungen 160
Veränderung der Verfahren 161
Veränderung der Nutzung 162
Fazit 165

Verwendete Literatur 166

Reife der organisatorischen Sicherheitsanforderungen unter Berücksichtigung von COVID 19 169

Einleitung 169

Relevanz der Forschungsfrage 169
Methodisches Vorgehen 170

Definitionen 171

Cybersecurity und Informationssicherheit 171
Reifegradmodelle 172

Reifegradmodelle 174

BSI Reifegradmodell 174
Systems Security Engineering - Capability Maturity Model 174
Cybersecurity Maturity Model Certification 177
Laz's security maturity hierarchy 179
Cyber Security Capability Maturity Model 180
Zusammenfassung der Reifegradmodelle 181

Cybersicherheit in Bezug auf die COVID 19-Pandemie 182

Auswirkungen der COVID-19 Pandemie auf die Cybersicherheit 182
Zwischenstand und Präventionsmaßnahmen 187
Ansatz der Erweiterung für Reifegradmodelle mit Inkludierung der Präventionsmaßnahmen. 188

Ausblick und Fazit 192

Verwendete Literatur 192

Die Autorinnen und Autoren.. 197

Danksagung.. 199

Wirtschaftsinformatik an der FH Bielefeld................................ 199

Markenrechtlicher Hinweis

Die in diesem Band wiedergegebenen Gebrauchsnamen, Handelsnamen, Warenzeichen usw. können auch ohne besondere Kennzeichnung geschützte Marken sein und als solche den gesetzlichen Bestimmungen unterliegen.

Amazon ist eine eingetragene Marke von Amazon.com, Inc.

Microsoft® ist eine eingetragene Marke der Microsoft Corporation.

SAP® und SAP S/4HANA® sind Marken oder eingetragene Marken der SAP SE oder ihrer verbundenen Unternehmen in Deutschland und anderen Ländern.

Sämtliche in diesem Band abgedruckten Bildschirmabzüge unterliegen dem Urheberrecht © des jeweiligen Herstellers.

Hinweis zur Verwendung der männlichen und weiblichen Form

Aus Gründen der besseren Lesbarkeit wird im Folgenden auf die gleichzeitige Verwendung männlicher und weiblicher Sprachformen verzichtet. Sämtliche Personenbezeichnungen gelten gleichwohl für beiderlei Geschlecht.

Vorwort

Zum 1. Februar 2023 hat die NRW-Landesregierung die Maskenpflicht im ÖPNV sowie die Isolierungspflichten für Corona-Infizierte auslaufen lassen. Das Infektionsschutzgesetz gilt noch bis zum 7. April 2023. Ziel ist dabei vor allem der Schutz vulnerabler Gruppen.

Die SARS-CoV-2-Arbeitsschutzverordnung wurde vorzeitig zum 2. Februar 2023 außer Kraft gesetzt. Sie umfasste Sonderregeln, die zum Schutz vor einer Corona-Infektion am Arbeitsplatz galten u.a., dass der Arbeitgeber eine Gefährdungsbeurteilung vornimmt und ein entsprechendes Hygienekonzept erstellt und umsetzt. Konkrete Maßnahmen, wie etwa das Bereitstellen von Tests oder die 3G-Regel galten bereits seit Mai 2022 nicht mehr. Auch die sogenannte Homeoffice-Pflicht gilt seit dieser Zeit nicht mehr.

Trotz des Wegfalls dieser Pflicht haben die vergangenen Pandemie-Jahre die Vorteile der Arbeit im Homeoffice klar verdeutlicht. Nicht nur ist die IT heute auf einem Stand angekommen, der diese Arbeitsform gut praktikabel und ebenfalls komfortabel macht, sondern auch viele vorher beschworene Nachteile der Telearbeit (Remote Work) wurden widerlegt. Viele Arbeitgeber aber auch der Gesetzgeber haben auf diese Entwicklung reagiert und sowohl neue Arbeitsmodelle (New Work) als auch weitere Erleichterungen der Arbeit im Homeoffice eingeführt. Laut einer Erhebung des ifo Instituts aus dem Dezember 2022 lag der Anteil der Beschäftigten der Gesamtwirtschaft in Deutschland, die zumindest teilweise im Homeoffice arbeiten, im Dezember 2022 noch bei rund 25 Prozent. Im Dienstleistungssektor summierte sich dieser Anteil im Dezember sogar auf ca. 36 Prozent.

Änderungs- bzw. Nachbesserungsbedarf gibt es neben einigen rechtlichen Themen wie z. B. dem Arbeitsschutz und der Arbeitszeitgesetzgebung insbesondere noch bei der Informationssicherheit im Homeoffice.

Vorwort

Zwar sind wir in den meisten Fällen heute von der plötzlichen Umstellung auf das mobile Arbeiten in 2020 und den insbesondere auf Verfügbarkeit und Fortbestand des Betriebs ausgerichteten und teilweise sehr ungeplanten und wenig durchdachten Maßnahmen weit entfernt, doch die Informationssicherheit stellt weiterhin ein großes Risiko der Arbeit im Homeoffice dar.

Dieses Risiko lässt sich in die drei Kategorien Gerätesicherheit, Kommunikationssicherheit und Verhaltenssicherheit einteilen, die allerdings jede für sich sehr komplex sind und eine Vielzahl von relevanten Aspekten umfassen. Die Beiträge dieses Buches, die in Teilen Ergebnisse eines Masterseminars an der Fachhochschule Bielefeld sind, haben nicht das Ziel, einen vollständigen Überblick zu geben. Vielmehr verdeutlichen sie die Situation in einigen relevanten Teilbereichen der Thematik und sollen damit einen fundierten Ausgangspunkt für Unternehmen bieten, die ihre Informationssicherheit im Homeoffice weiter optimieren wollen.

Abschließend möchte ich als Dozent des Seminars noch anführen, dass ich mich über das Engagement und das große Interesse der beteiligten Studierenden an diesem Thema sehr gefreut habe.

Zu guter Letzt bitte ich unsere Leser um ihre Kritik und Anregungen. Sie erreichen mich per E-Mail unter:

achim.schmidtmann@fh-bielefeld.de

Bielefeld im Februar 2023

Prof. Dr. Achim Schmidtmann

Geleitwort

Homeoffice hat in den letzten Jahren aufgrund der COVID-19-Pandemie einen starken Zuwachs erfahren. Es gibt zahlreiche Studien, die die Auswirkungen von Homeoffice auf die Arbeitsproduktivität, Work-Life-Balance und den psychischen Gesundheitszustand untersucht haben.

Homeoffice kann zu einer höheren Arbeitsproduktivität führen, jedoch kann es auch zu einer Verschlechterung der Work-Life-Balance und einer Überlastung führen, wenn es schwer ist, eine klare Trennung zwischen Arbeit und Freizeit zu schaffen.

Neben diesen Faktoren ist auch die Informationssicherheit eine wichtige Forschungsfrage, welche sowohl den einzelnen als auch die Institutionen vor großen Herausforderungen stellt. So hat die Informationssicherheit eine entscheidende Bedeutung, da sie dafür sorgt, dass wichtige Daten und Netzwerke geschützt sind. Um diese Bedrohungen zu minimieren, ist es wichtig, dass Unternehmen robuste Informationssicherheitsrichtlinien einführen, einschließlich der Verwendung sicherer Geräte, der Überwachung des Netzwerkzugriffs, regelmäßige Sicherungen von Daten und der Schulung von Mitarbeitern in Informationssicherheit

Daher helfen uns solche Publikationen bessere Entscheidungen darüber zu treffen, wie wir sicher und produktiv von zu Hause aus arbeiten können, Risiken und sichere Praktiken zu fördern.

Ich danke meinen Kollegen Prof. Dr. Achim Schmidtmann und Prof. Dr. Jörg-Michael Keuntje sowie den Studierenden aus den wissenschaftlichen Erkenntnissen des Seminars diesen Beitragsband auf den Weg gebracht zu haben.

Bielefeld, im Februar 2023

Prof. Dr. Riza Öztürk
(Dekan des Fachbereichs Wirtschaft der Fachhochschule Bielefeld)

Einleitung

Dieser erste Abschnitt des Buches stellt neben der Motivation und dem Ziel den Aufbau dieses Sammelwerks kurz vor und versucht dabei Ihre Neugier und Ihr Interesse für die verschiedenen Beiträge zu wecken.

Motivation und Ziel

Die Corona Pandemie hat deutlich gemacht, dass über die Hälfte aller Jobs mindestens teilweise im Homeoffice ausgeführt werden können.[1] Gleichzeitig zeigen weitere Forschungen, dass die Arbeit im Homeoffice das Infektionsrisiko deutlich senken kann.[2] Jedoch ist damit nicht das Infektionsrisiko durch Computerviren und andere Malware gemeint, denn dieses, so zeigen weitere Studien ist im Homeoffice höher als am Arbeitsplatz im Unternehmen. Da wiederum andere Untersuchungen darauf hinweisen, dass die überwiegende Mehrheit der während der Pandemie im Homeoffice tätigen, auch in Zukunft im selben oder geringerem Umfang von zu Hause arbeiten möchte, gilt es sich dem Themenbereich Informationssicherheit im Homeoffice verstärkt zu widmen.[3]

Ziel dieses Sammelwerkes ist es deswegen, einen zwar nicht vollständigen, aber doch umfassenden Überblick über das gesamte Spektrum des sicheren Homeoffice zu geben und damit einerseits auf Gefahren und Schwachstellen hinzuweisen, andererseits aber auch über bereits erzielte Erfolge und sinnvolle Maßnahmen zu berichten. Auf diese Weise soll es

---

[1] Alipour, J.-V., O. Falck und S. Schüller (2020), Germany's Capacity to Work from Home, CESifo Working Paper 8227.
[2] Kunze, F., K. Hampel und S. Zimmermann (2021), Homeoffice in der Corona-Krise – eine nachhaltige Transformation der Arbeitswelt?, Konstanzer Homeoffice-Studie, Februar, Uni Konstanz
[3] Knie, Andreas; Zehl, Franziska; Schelewsky, Marc: Mobilitätsreport 05, Ergebnisse aus Beobachtungen per repräsentativer Befragung und ergänzendem Mobilitätstracking bis Ende Juli, Ausgabe 16.08.2021, Bonn, Berlin, mit Förderung des BMBF.

konkret dabei helfen, sich der Risiken der Arbeit im Homeoffice im Hinblick auf Datensicherheit und Datenschutz bewusst zu werden und diese entweder zu reduzieren (vermindern) oder noch besser zu vermeiden.

Aufbau des Buchs

Das Buch enthält sieben Beiträge zu verschiedenen Aspekten des Themas „Sicheres Homeoffice". Der erste Beitrag stammt vom Herausgeber des Buches. Es folgt ein Beitrag eines Kollegen aus der Fachgruppe Wirtschaftsinformatik. Die folgenden fünf Beiträge sind Seminararbeiten von Studierenden des Masterstudiengangs Wirtschaftsinformatik an der Fachhochschule Bielefeld.

Der erste Beitrag „Sicheres Homeoffice - ein langfristiger und nachhaltiger Ansatz" ist als Einstieg und gleichzeitig als eine Art Themenüberblick gedacht. Darin werden die verschiedenen Risikokategorien der Arbeit im Homeoffice und die damit verbundenen Herausforderungen näher erläutert.

Es folgt der Beitrag „Homeoffice Regelungen und Maßnahmen nach BSI Grundschutz", in dem die zum IT-Grundschutz gehörenden Dokumente auf ihre Relevanz für die Informationssicherheit im Homeoffice untersucht werden. Der Schwerpunkt liegt dabei auf der Analyse des BSI-Standards 200-1 und der elementaren Gefährdungen aus dem Grundschutzkompendium im Hinblick auf Implikationen für das Homeoffice.

Der dritte Beitrag „Kommunikationssicherheit im Homeoffice - Herausforderungen für Unternehmen und Beschäftigte durch den kurzfristigen Wechsel ins Homeoffice" befasst sich insbesondere mit der Gewährleistung der Informationssicherheit von Heimnetzwerken und der Anbindung an die Unternehmensinfrastruktur.

„IT-Verhaltenssicherheit und die Auswirkungen von COVID-19" ist der Titel des vierten Beitrags, der sich mit menschlichem Verhalten und den

Risiken des Social Engineering befasst. Es wird gezeigt, dass eine Verhaltensänderung auf den individuellen Faktoren Einstellung, Wissen und Gewohnheit sowie auf den drei organisatorischen Faktoren Umgebung, Führung und Training beruht.

Es folgt ein Beitrag mit dem Titel „IT-Sicherheitsherausforderungen in Zeiten von Corona: Data-Leakage-Prevention", der sich mit der Verhinderung von Datenlecks, Datenverlust und Datendiebstahl bei der Arbeit aus dem Homeoffice beschäftigt. Er vermittelt Details zu den Risiken sowie verschiedene Lösungsansätze.

Der Beitrag „Digitale Identitäten und ihre Entwicklung während der Covid-19 Pandemie" beleuchtet zunächst das Thema digitale Identitäten im Allgemeinen und geht dann auf die Entwicklung von Authentifizierungsverfahren und deren Einsatz unter den besonderen Bedingungen der Covid-19 Pandemie ein.

Der abschließende Beitrag mit dem Titel „Reife der organisatorischen Sicherheitsanforderungen unter Berücksichtigung von COVID 19" beschäftigt sich mit der Frage, wie der Reifegrad einer Organisation in Bezug auf die IT-Sicherheitsanforderungen bestimmt werden kann und wie dabei die neuen Sicherheitsaspekte der COVID 19 Pandemie dabei berücksichtigt werden können. Dabei wird ein Ansatz entwickelt, der die in der Literatur bereits existierenden Reifegradmodelle erweitert, um die Angriffsfläche für Cyberattacken in Unternehmen zu reduzieren.

Sicheres Homeoffice

Ein langfristiger und nachhaltiger Ansatz

Autor: Achim Schmidtmann

Einleitung

Der Begriff Homeoffice ist spätestens seit dem Beginn der Corona Pandemie in aller Munde. Umgangssprachlich ist damit meistens das heimische Arbeitszimmer und seine steuerliche Einordnung gemeint, allerdings verbirgt sich hinter dem Begriff ein übergreifender Organisationsansatz zur Flexibilisierung, wie die folgende Definition zeigt: „Homeoffice, auch Telearbeit genannt, ist eine flexible Arbeitsform, bei der die Beschäftigten ihre Arbeit vollumfänglich oder teilweise aus dem privaten Umfeld heraus ausführen."[1] Der folgende Beitrag meiner Kollegin Christiane Nitschke, auf den ich hier verweisen möchte, klärt allerdings darüber auf, dass diese Definition recht ungenau ist, da zwar Telearbeit immer auch Homeoffice ist, der Begriff Homeoffice generell aber nicht genau definiert und damit sehr viel umfangreicher zu verstehen ist.

Eine flexible Arbeitsphilosophie, die neben dem Büro auch die Arbeit im Homeoffice ermöglichte, gab es bei progressiven Unternehmen schon lange vor der Pandemie. Viele Arbeitgeber vermuteten aber eine auf Dauer geringere Arbeitsdisziplin und -leistung im Homeoffice nicht zuletzt auch aufgrund der eingeschränkten Kontrollmöglichkeiten. Diese Annahme hat sich in den letzten Monaten aber nicht bewahrheitet. Vielmehr hat diese Zwangslage verdeutlicht, dass auch aufgrund von längst

---

[1] Vgl. Haufe Homeoffice – Definition und Regelungen im Arbeitsrecht (2022).

vorhandenen technischen Hilfsmitteln die Arbeit im Homeoffice schnell starten und eine ausreichende Arbeitsleistung erbringen konnte. Teilweise hat sich ferner bereits eine solide Remote-Kultur entwickelt, die vornehmlich auf Vertrauen und Respekt gegenüber der Belegschaft basiert. Doch die Arbeitskultur alleine garantiert noch nicht die Informationssicherheit (incl. IT-Sicherheit) im Homeoffice.[2]

Ein sicheres Homeoffice bezeichnet allgemein einen Zustand dieser Arbeitsform, der frei von unvertretbaren Risiken und damit gefahrenfrei ist. Die Risiken können sich dabei auf die Person im Homeoffice, die Arbeitsstätte mit ihrer Einrichtung aber auch auf die Arbeit bzw. Arbeitsmittel und Arbeitsergebnisse der Person und damit den Arbeitgeber beziehen.

Die vermehrte Arbeit im Homeoffice hat unter anderem auch zu einem weiteren Anstieg der Datenmengen geführt, nicht zuletzt, weil es nun weitere Lokationen gibt, an denen mit Unternehmensdaten gearbeitet wird. Die Kommunikation mit Kunden und Arbeitskollegen aus dem Homeoffice findet virtuell via Videokonferenz (z. B. mit Microsoft Teams, Zoom oder WebEx), E-Mail, Kurznachrichtendiensten (wie z. B. Slack) oder über das Telefon statt. Die verwendeten Arbeitsmittel, wie z. B. Notebooks, Tablets oder Smartphones, werden häufig vom Arbeitgeber bereitgestellt. Anders verhält es sich dagegen in vielen Fällen bei weiteren technischen Geräten wie Drucker, Router und den Peripherie Geräten wie z. B. Bildschirmen, Tastaturen, Headsets aber auch externen Festplatten für Backups. Hier wird von Unternehmen auch gerne auf bereits verfügbare Geräte der Arbeitnehmer zurückgegriffen. Diese zusätzliche Komplexität des Homeoffice stellt neue und weitergehende Herausforderungen an die Sicherheit der Daten und speziell auch den Datenschutz dar.[3] Auch wenn Vertrauen und Respekt gegenüber der Belegschaft sehr wichtig sind, sollte für die Technik ein Zero-Trust-Modell

---

[2] Vgl. Volkmer, C. Lehren für die IT-Sicherheit aus einem Jahr Homeoffice. (2021).
[3] Vgl. Baresel, A. Remote Work und Informationssicherheit-as-a-Service. (2021).

gelten, um das Risiko für Unternehmensnetze und -anwendungen zu minimieren und neben externen Bedrohungen auch interne Gefahrenpotentiale auszuschließen.[4]

Homeoffice

Noch im Jahr 2018 lag der Anteil der Erwerbstätigen in Deutschland, die zumindest manchmal von zu Hause arbeiteten (mindestens einmal im Monat) bei ca. 12 Prozent. Damit war Deutschland im europäischen Vergleich nur im unteren Mittelfeld und von den durchschnittlich ca. 15 Prozent recht weit entfernt.[5] Die schwankenden Homeoffice-Zahlen vom Beginn der Coronapandemie im April 2020 bis heute zeigen, dass noch immer viele Beschäftigte mit Homeoffice-geeigneten Jobs zur Präsenzarbeit angehalten werden. Diese kehrten in Lockerungsphasen ins Büro zurück, um bei der nächsten Verschärfung wieder von zuhause zu arbeiten. So lag die Quote derer, die angaben, dass sie ausschließlich oder überwiegend von zuhause arbeiteten im April 2020 bei 27 %, im November 2020 bei sehr viel niedrigeren 14 % und im Januar 2021 dann wieder stärker erhöht bei 24 %[6]. Im Januar 2022 arbeiteten 28,4 Prozent der Beschäftigten zeitweise im Homeoffice, allerdings liegt das Potenzial nach Aussage des ifo Instituts sogar bei 56 Prozent, so dass deutlich mehr Menschen dort arbeiten könnten.[7][8]

Eine repräsentative Umfrage von Bitkom Research unter mehr als 1.500 Erwerbstätigen in Deutschland im Zeitraum Januar und Februar 2022 ergab, dass die Hälfte dieser Zielgruppe vollständig oder teilweise im

---

[4] Vgl. Volkmer, C. Lehren für die IT-Sicherheit aus einem Jahr Homeoffice. (2021).
[5] Vgl. Bonin et al. Verbreitung und Auswirkungen von mobiler Arbeit und Homeoffice: Kurzexpertise. (2020).
[6] Vgl. Ahlers et al. Homeoffice in Zeiten von Corona. Risiken abwenden, Potenziale nutzen. (2021).
[7] Vgl. Alipour et al ifo Institut (2021b).
[8] Vgl. Alipour et al ifo Institut (2021a).

Homeoffice beziehungsweise mobil arbeitet. Die große Mehrheit befürwortet stark die Werte und Einstellungen des „New Work":

- 95 % wollen ihre Arbeitszeit frei einteilen,
- 95 % wollen individuelle Leistungs- und Lernziele selbst bestimmen und
- 91 % wollen einer sinnstiftenden Tätigkeit nachgehen.

Von ihrem Arbeitgeber erwarten

- 91 %, dass er gesellschaftliche Verantwortung übernimmt und
- 92 %, dass er Gleichstellung und Diversität fördert.

Neun von zehn Erwerbstätige (88 %) möchten nach der Pandemie zumindest teilweise im Homeoffice arbeiten und 71 % sind der Ansicht, dass mobiles Arbeiten in Deutschland stärker genutzt werden sollte.[9]

Bitkom-Präsident Achim Berg konstatiert: „Die neue Normalität entscheidet sich nicht zwischen klassischer Präsenzarbeit und Homeoffice, sondern ist ein klares Sowohl-als-auch. Hybride Arbeitsmodelle werden sich zunehmend durchsetzen. Die meisten werden einige Tage pro Woche ins Büro gehen und einige Tage zu Hause arbeiten. Einige werden nur noch im Homeoffice sein, andere nur im Büro. Und der eine und die andere wird ‚Workation' bevorzugen und am Urlaubsort arbeiten, sei es im Hotel oder Camper – immer vorausgesetzt, der Job lässt das zu."[10]

Die Homeoffice-Langzeitstudie der Uni Konstanz, die seit Beginn der Coronapandemie im März 2020 durchgeführt wird, ergab u.a., dass beim ersten Gang ins Homeoffice nur 45 Prozent der Befragten vom Arbeitgeber eine vollständige IT-Ausstattung erhalten haben. In der Fortführung der Studie im Jahr 2021 konnte herausgestellt werden, dass es bei der Hälfte der Unternehmen bereits Dienstvereinbarungen zum mobilen

---

[9] Vgl. Bitkom Research (2022)
[10] Vgl. Bitkom Research (2022)

Arbeiten gibt, aber nur etwa 20 Prozent der Mitarbeitenden Schulungen erhalten haben.[11]

Die im zweiten Halbjahr 2020 durchgeführte BSI Studie zur "IT-Sicherheit im Homeoffice unter besonderer Berücksichtigung der Covid-19-Situation"[12] unterstreicht das Ergebnis der Konstanzer Studie zur IT-Ausstattung. Nach der BSI Studie wurde nur in rund 42 % der Unternehmen ausschließlich auf unternehmenseigene IT zurückgegriffen. In kleinere Unternehmen lag der Wert für die überwiegende oder ausschließliche Nutzung von privater IT sogar bei rund 13 %. Die Studie zeigt weiterhin, dass 55 % der Unternehmen weniger als 10 % ihrer IT-Ausgaben in Cyber-Sicherheit investierten. Die BSI Empfehlung besagt, dass es mindestens 20 % der IT-Ausgaben sein sollten. Allerdings haben während der Corona-Krise nur 11 % der Unternehmen aufgrund der Cyber-Sicherheitslage ihr IT-Sicherheitsbudget erhöht, bei 63 % blieb es unverändert. Nur 7 % der Unternehmen planen weitere Sicherheitsmaßnahmen speziell für das Homeoffice, obwohl 58 % der Unternehmen das Homeoffice-Angebot nach der Pandemie aufrechterhalten oder sogar ausweiten wollen.

Bezüglich der Umsetzung technischer Sicherheitsmaßnahmen gab es folgende Ergebnisse:

- 66 % haben vor oder während der Pandemie ein Virtual Private Network (VPN)[13] zur sicheren Kommunikation eingerichtet.
- 64 % verschlüsseln ihre Datenträger.
- 52 % nutzen eine Mehr-Faktor-Authentifizierung.
- 51 % haben die Segmentierung und die Absicherung ihrer Netze umgesetzt.

---

[11] Vgl. Kunze et al Homeoffice und mobiles Arbeiten?: Frag doch einfach! klare Antworten aus erster Hand. (2021).
[12] Vgl. Bundesamt für Sicherheit in der Informationstechnik (BSI) (2020).
[13] Begriff wird unter Kommunikationssicherheit erläutert.

- 38 % managen die Sicherheit von mobilen Endgeräten wie Handys oder Laptops zentral mit einem Mobile Device Management (MDM)[14].

Diese Zahlen verdeutlichen zwar, dass teilweise bereits zwei Drittel der Maßnahmen umgesetzt sind, auf der anderen Seite gibt es aber auch noch Themen wie z. B. Mobile Device Management, wo die Umsetzungsquote noch unter 40 % liegt. 60 % der Unternehmen managen die Sicherheit von Handys, Laptops, Tablets und weiteren mobile Endgeräte mit Verbindung zum Firmennetzwerk also nicht.

Bei den organisatorischen Sicherheitsmaßnahmen sticht heraus, dass bereits 81 % der Unternehmen ihre Mitarbeiter zu Cyber-Sicherheit sensibilisieren bzw. schulen. 60 % besitzen bereits ein Notfallmanagement, aber nur 24 % üben regelmäßig diesen Notfall, also das, was bei einem Cyberangriff genau getan werden muss. Neueinstellungen von Personal im IT-Sicherheitsbereich sind nur bei 16 % erfolgt und nur 9 % haben sie geplant.

Risiko Homeoffice

In der Corona-Home-Office-Zeit mussten 8 % der Unternehmen aktiv auf Cyberangriffe reagieren. Der Anteil bei Großunternehmen lag sogar bei 24 %. Allerdings je kleiner die Firma, desto schwerwiegender waren die Folgen eines Angriffs. Für Unternehmen mit weniger als 50 Beschäftigten hatte eine von vier Cyberattacken sehr schwere oder sogar existenzbedrohende Folgen.[15]

Eine Studie von Bitkom Research im Jahr 2021 ergab, dass von 817 Unternehmen, bei denen Homeoffice grundsätzlich möglich war, 483

---

[14] Begriff wird unter Gerätesicherheit erläutert.
[15] Bundesamt für Sicherheit in der Informationstechnik (BSI) (2020).

(59 %) einen IT-Sicherheitsvorfall hatten, der auf die Heimarbeit zurückzuführen war. Bei 24 % der Unternehmen gab es sogar häufig IT-Sicherheitsvorfälle bei 19 % vereinzelt und bei 16 % einmalig. Ein wirklicher Schaden ist bei 252 (52 %) der Unternehmen entstanden.[16]

Social Engineering, die Beeinflussung bzw. Manipulation von Beschäftigten ist der Ausgangspunkt eines Großteils der Angriffe. Vertrauliche und sensible Daten werden über den „Faktor Mensch", das schwächste Glied in der Sicherheitskette ausgespäht. Nach der Bitkom Studie gab es bei 41 Prozent der befragten Unternehmen zuletzt solche Versuche. Weitere 27 Prozent der Befragten gaben an, unter anderem per Telefon kontaktiert worden zu sein und 24 Prozent per E-Mail. Hier zeigt sich eine klare Reaktion der Angreifer auf die veränderten Arbeitsbedingungen im Zuge der Coronapandemie.[17]

Die elfte Umfrage der Allianz, das Allianz Risk Barometer 2022 hat ergeben, dass Cybergefahren, Betriebsunterbrechungen und Naturkatastrophen weltweit die drei größten Geschäftsrisiken sind. Dabei stehen Cybervorfälle im weltweiten Ranking auf Platz 1 vor und in Deutschland auf Platz 2 hinter Betriebsunterbrechungen. An dritter und vierter Stelle folgen Naturkatastrophen und der Klimawandel. Zu dieser Positionierung hat insbesondere die Zunahme von Ransomware-Angriffen geführt, die von den Umfrageteilnehmern (57 %) als die größte Cybergefahr angesehen werden.[18] Dabei gilt es zu bedenken, dass Betriebsunterbrechungen häufig die Folge von Cybervorfällen sind.

Dr. Dirk Stenkamp, der Präsident des TÜV-Verbands, fasst die Ergebnisse einer Forsa-Umfrage im Januar 2022 unter 1.507 Erwerbstätigen so zusammen: „Die massenhafte Arbeit im Homeoffice hat die Gefahr von Cyberangriffen erhöht. Häufig fehlt es an Schulungen, klaren Verhal-

---

[16] Vgl. Bitkom Research (2021b)
[17] Vgl. Bitkom Research (2021a)
[18] Vgl. Allianz Group (2022)

tensregeln im Fall eines IT-Angriffs oder an der notwendigen technischen Ausstattung." Die Umfrage kommt weiterhin zu dem Ergebnis, dass es bei den Arbeitgebern von 14 Prozent der Erwerbstätigen in den vergangenen zwei Jahren einen oder mehrere IT-Sicherheitsvorfälle gab. Entsprechend den Ergebnissen der Allianz Umfrage werden auch hier sogenannte Phishing-Angriffe oder gezielte Attacken mit Erpressungssoftware ("Ransomware") als häufigste Angriffsarten benannt.[19]

Als besonderes problematisch wurde dabei von 41 Prozent der befragten Arbeitnehmerinnen und Arbeitnehmer dargestellt, dass die Arbeitgeber keine Vorgaben gemacht oder Regeln festgelegt hätten, was das korrekte Verhalten bei einem IT-Sicherheitsvorfall sei. Dieses wird unterstrichen durch das Umfrageergebnis, dass nur 38 Prozent der im Homeoffice tätigen Befragten an einer Schulung zum Thema mobiles Arbeiten teilgenommen haben, worin nach Aussage von über 80 % der Befragten gerade die Erkennung von Cyberangriffen, die Einhaltung des Datenschutzes beim mobilen Arbeiten und das richtige Verhalten bei IT-Sicherheitsvorfällen die Kernelemente sein sollten.[20]

Ferner hat die Umfrage gezeigt, dass die Vorgaben und Regeln für den Heimarbeitsplatz, die es immerhin bei ca. 74 Prozent der Befragten gibt, von Unternehmen zu Unternehmen sehr unterschiedliche sind. Die regelmäßige Installation von Software-Updates gehören bei 74 Prozent dazu. Die Nutzung von privaten USB-Sticks ist bei 64 Prozent verboten und bei 56 Prozent ist die private Nutzung von Geräten und Anwendungen generell verboten. Private Cloud-Dienste dürfen schließlich bei 48 Prozent nicht mit dem Computer des Arbeitgebers genutzt werden. Vorgaben für die Konfiguration des heimischen Routers sind nur bei acht Prozent der Beschäftigten im Homeoffice Pflicht.[21]

---

[19] Vgl. TÜV-Verband (2022)
[20] Vgl. TÜV-Verband (2022)
[21] Vgl. TÜV-Verband (2022)

Ähnlich zu den Empfehlungen des TÜV-Verbands zur Absicherung des Homeoffice werden im Folgenden nun einige relativ einfache Regeln und Vorgaben erläutert, die für mehr Geräte-, Kommunikations- und Verhaltenssicherheit sorgen und damit den Arbeitsplatz besser vor Cyberattacken schützen. Der durch Corona bedingte schnelle Umzug ins Homeoffice war nur mit gewissen Kompromissen bei der IT-Sicherheit möglich. Deren Akzeptanz lag auch in der vermuteten zeitlichen Befristung begründet. Um nun aber den sicheren Dauerbetrieb im Homeoffice bzw. die Sicherheit hybrider Arbeitsmodelle zu gewährleisten, bedarf es weitergehender Maßnahmen.

Gerätesicherheit

Unter Gerätesicherheit fällt die Sicherheit jeglicher Hardware, die Sie für berufliche Zwecke verwenden. Dabei handelt es sich möglicherweise ja sowohl um Geräte des Arbeitgebers als auch Geräte der Arbeitnehmerin oder des Arbeitnehmers. Für alle Geräte gilt es im Homeoffice physische Sicherheit herzustellen, dazu gehören:

- Eine sorgfältige und sichere Aufbewahrung, so dass sie nicht von Unbefugten entwendet werden können.
- Eine Sperre der Geräte bei Nicht-Nutzung, so dass sie nicht von Unbefugten (anderen Familienangehörigen, Mitbewohnern, Gästen, sonstigen Personen im Haus) genutzt werden können.
- Ein Blickschutz, so dass die Bildschirminhalte nicht von Unbefugten (s.o.) mitgelesen werden können.
- Das Unterbinden von Mithören bei Gesprächen, Telefonaten oder Videokonferenzen, indem man diese nicht in der Anwesenheit von Unbefugten durchführt.
- Eine Clean-Desk-Policy, denn auch im eigenen Haus sollte man vertrauliche Informationen vor neugierigen Blicken schützen und das Risiko von Datendiebstahl verringern.

Damit es aufgrund der Vermischung von privaten und beruflichen Aufgaben nicht zu gewissen Einbußen bei der Informationssicherheit kommt, sollten Geräte des Arbeitgebers am besten ausschließlich für berufliche Zwecke genutzt werden. So kann das Gefährdungsrisiko verringert werden und es wird auch kein anderer Familienangehöriger in Versuchung geführt bzw. macht einen Fehler, der schwerwiegende Folgen hat. Außerdem sollte der Zutritt zu den Räumen mit diesen Geräten nicht für alle möglich sein bzw. es sollten verschließbare Behältnisse vorhanden sein, um ein Sicherheitsniveau zu erreichen, das mit dem eines Büroraums vergleichbar ist. Auch häusliche Arbeitsplätze sollten aufgeräumt hinterlassen und somit keine sensiven Informationen frei zugänglich sein

Die bereits benannte sorgfältige und sichere Aufbewahrung sollte dabei die Verschlüsselung der genutzten Datenträger, egal ob Notebooks, externe Festplatten oder USB-Sticks, umfassen. Dabei sollte aber generell gelten, dass Unternehmensdaten möglichst nicht lokal, sondern nur im Firmennetzwerk gespeichert werden sollten. Wenn Daten doch lokal vorgehalten werden müssen, dann sollten diese regelmäßig gesichert werden. Datenträger sollten nur für das kurzfristige Speichern genutzt werden und danach sofort wieder gelöscht werden. Auch die Entsorgung dieser Datenträger sollte genau wie die von Dokumenten in geeigneter Weise ermöglicht werden.

Daneben ist das regelmäßige und zügige Durchführen von Sicherheitsupdates für alle Arbeitsgeräte auch die privaten ein entscheidendes Thema. Die (Display-)Sperre der Geräte sollte mit möglichst komplexen Passwörtern oder einer 2-Faktor-Authentifizierung erfolgen, damit der Zugriff Unbefugter auf diese Geräte verhindert wird.

Um mobile Endgeräte wie Laptops, Tablets oder Smartphones zentral zu verwalten, sollte ein Mobile Device Management (MDM) eingeführt werden. Dieses ermöglicht es, die Geräte in das mobile Unternehmensnetzwerk einzubinden, Software zu verteilen und zu konfigurieren und die auf den Geräten gespeicherten Daten und Anwendungen zu schützen.

Kommunikationssicherheit

Zum Schutz der Kommunikation zwischen Homeoffice und Unternehmen aber auch zwischen Homeoffice und jeglichen Unternehmenskontakten bedarf es ebenfalls einiger Maßnahmen.

So sollte ein Virtual Private Network (VPN) oder eine vergleichbare Technologie eingerichtet werden, damit die Daten nur über einen geschützten Transportweg transferiert werden, der unabhängig von einer gesicherten Internetverbindung selbst genügend Schutz bietet. Dabei wird ein virtuelles, in sich geschlossenes Netzwerk zwischen mehreren Kommunikationspartnern aufgebaut, welches genau dieses ermöglicht.

Eine weitere effektive Maßnahme ist die Einrichtung eines eigenen WLAN-Netzwerkes für die Arbeit, um die Kommunikation der Geräte untereinander im Heimnetzwerk zu unterbinden. Diese klare Trennung erleichtert den Schutz der rein beruflich genutzten Geräte. Sie ist Teil der Segmentierung und Absicherung der Netze eines Unternehmens, eine Strategie, die eine weitere Verteidigungslinie zur Stärkung der IT-Sicherheit darstellt.

Jegliche Zugriffe auf Unternehmenssysteme sollten ebenso wie auf die Geräte mit möglichst komplexen Passwörtern oder noch besser einer 2 bzw. Multi-Faktor-Authentifizierung gesichert sein. Auf diese Weise können sensible Daten noch besser vor dem Zugriff Unbefugter geschützt werden.

Da E-Mails immer noch der meistgenutzte Kanal für die interne Kommunikation[22] und das beliebteste und meistgenutzte Kommunikationsmittel zwischen Unternehmen und Kunden[23] sind, sollte die E-Mail-Kommunikation besonders geschützt werden. Einerseits sollte Verschlüsselung genutzt werden und andererseits ist bei allen E-Mails von unbekannten Absendern höchste Vorsicht geboten. Phishing-E-Mails werden immer professioneller. Aber auch bei den anderen Kommunikationsmitteln, wie z. B. Messenger-Nachrichten oder Internettelefonie/Voice over IP(VoIP) und weiteren sollten nur verschlüsselte Dienste genutzt werden. Kommunikation sollte grundsätzlich nur über vertrauenswürdige Kanäle stattfinden.

Verhaltenssicherheit

Bei der Verhaltenssicherheit geht es darum, dass Arbeitnehmerinnen und Arbeitnehmer sich an die speziellen Regeln fürs Homeoffice halten und sich dementsprechend verhalten. Aus diesem Grund sollten die Regeln deutlich, unmissverständlich und verbindlich sein. Sie sollten sich weiterhin der Gefährdungen bewusst sein und die Konsequenzen ihres Handelns kennen. Das bedeutet auch, dass erst ihr Verhalten zur wirklichen Geräte- und Kommunikationssicherheit führt. Die verschiedenen technischen Maßnahmen wie Virenschutz, Firewalls, Verschlüsselung, VPN etc. sind nur Hilfsmittel, die aber nur zur Zielerreichung beitragen, wenn sie auch bewusst und korrekt genutzt werden.

Ebenso verhält es sich mit der strikten Trennung von dienstlich und privat, was nicht unbedingt zu mehr Komfort aber zu mehr Sicherheit führt. Das ist häufig eine besondere Herausforderung, da die Arbeitnehmerinnen und Arbeitnehmer zuhause andere Verhaltensmuster und Ablauffol-

---

[22] Vgl. Civey (2021).
[23] Vgl. Twilio SendGrid (2020).

gen gewohnt sind. Diese müssen nun explizit durchbrochen und die Änderung bewusstgemacht werden. Außerdem fehlen zuhause auch die prüfenden Blicke bzw. die Wachsamkeit der Kolleginnen und Kollegen, die auch dabei unterstützen, Fehler zu vermeiden und unerwartet Ereignisse oder unberechtigte Änderungen als solche zu erkennen.

Um Kommunikationssicherheit im Homeoffice herzustellen, bedarf es auch in vielen Fällen einer klaren Verhaltensänderung gegenüber der privaten Kommunikation. Während man dort auch mal ohne einen weiteren Gedanken an Sicherheit und Vertraulichkeit auf verschiedensten Kanälen kommuniziert, gilt es bei der betrieblichen Kommunikation nur vorher definierte und vertrauenswürdige Kanäle zu verwenden. Darüber hinaus ist immer eine gewisse Skepsis angesagt, es wird lieber doppelt geprüft und schon bei geringsten Zweifeln wird die Kommunikation beendet oder über einen anderen Kanal fortgeführt. Das hilft auch dabei, Social-Engineering-Angriffe zu verhindern, da Kommunikation so lange beschränkt bleibt, bis der Gegenüber identifiziert ist. Ebenso verhält es sich mit der Nutzung von unbekannten Geräten, deren Inhalt und Verhalten nicht transparent ist.

Das Herstellen von Kennwortsicherheit wird ebenfalls stark vom Verhalten beeinflusst. Ein leichtfertiger Umgang mit unsicheren Kennwörtern, wie er vielleicht im privaten Umfeld gewohnt war, was allerdings auch stark zu kritisieren ist, darf nicht auf das berufliche Umfeld übertragen werden. Grundsätzlich sollten Kennwörter nie mehrfach verwendet werden und somit natürlich auch nicht gleichzeitig für private und berufliche Zwecke. Die Nutzung eines Passwort-Managers kann hier mehr Sicherheit mit gutem Komfort paaren und damit die Verhaltensänderung unterstützen.

Der Schritt vom Wissen über potentielle Gefährdungen zu wirklichen Verhaltensänderungen ist sehr groß und dazwischen liegen noch einige Hindernisse, die es zu überwinden gilt. Sensibilisierungen und Awareness Schulungen bieten in erster Linie neue Kenntnisse der Informationssicherheit, aber erst durch die Übertragung dieser auf die eigene Situation entstehen Erkenntnisse, die wiederum in wenigen Fällen das eigene Verhalten ändern. Unterstützt wird dieser Prozesse durch das Durchspielen und Üben von Sicherheitsvorfällen und Notfallsituationen, denn bei der Analyse dieser Ereignisse werden echte Erfahrungen gewonnen, die wiederum zu Bewertungen, Schlussfolgerungen und wiederum gegebenenfalls sogar Verhaltensänderungen führen.

Fazit

Die dargestellten Maßnahmen bieten bereits einen sehr guten Schutz der Arbeit im Homeoffice. In Teilen ist das auch schon mehr als ein Basisschutz, aber wenn ein Unternehmen aufgrund von besonderer Sensibilität der zu bearbeitenden Firmendaten einen weitergehenden Schutz benötigt, so sollte dieses im Einzelfall gesondert geklärt werden.

Es ist auf jeden Fall zu empfehlen ein Sicherheitscheck-Angebot für Mitarbeiterinnen und Mitarbeiter zu entwickeln, so dass diese kostenlos davon Gebrauch machen und ihr Homeoffice überprüfen lassen können bzw. bis zum gewissen Grad selbst kontrollieren können.

Außerdem müssen Melde- und Eskalationswege für Datenschutz- und Informationssicherheitsvorfälle mit eindeutigen Kontaktstellen festgelegt und bekannt gemacht werden. Dabei geht es sowohl um zeitnahe Verlustmeldungen für abhandengekommene mobile Geräte als auch die unverzügliche Meldung eines Sicherheitsvorfalls in einem bestimmten System oder mit einem Gerät. Vertrauliche Informationen sollten auch zuhause sicher entsorgt werden.

Schließlich ist eine gute Zusammenarbeit zwischen Angestellten im Homeoffice und im Unternehmen im Ernstfall zwingend notwendig, um das Risiko nicht nach außen dringen zu lassen. Eine IT-Notfallkarte[24] kann dabei ein sehr nützliches Hilfsmittel sein.

Verwendete Literatur

Allianz für Cybersicherheit (2022): https://www.allianz-fuer-cybersicherheit.de/Webs/ACS/DE/Informationen-und-Empfehlungen/Empfehlungen-nach-Angriffszielen/Unternehmen-allgemein/IT-Notfallkarte/it-notfallkarte_node.html abgerufen am 13.09.2022.

Allianz Group (2022): https://www.agcs.allianz.com/news-and-insights/news/allianz-risk-barometer-2022-press-de.html abgerufen am 09.09.2022.

Ahlers, Elke / Mierich, Sandra / Zucco, Aline (2021): Homeoffice in Zeiten von Corona. Risiken abwenden, Potenziale nutzen, WSI-Report 65.

Alipour, J.-V., Falck, O., Peichl, A., Sauer, S. (2021a): ifo Institut, München, 2021, ifo Schnelldienst digital, 2021, 2, Nr. 06, 01-04.

Alipour, J.-V., Langer, C., O'Kane, L. (2021b): ifo Institut, München, ifo Schnelldienst, 2021, 74, Nr. 09, 46-52.

Baresel, A. (2021): Remote Work und Informationssicherheit-as-a-Service. Wirtsch Inform Manag 13, 436–440. https://doi.org/10.1365/s35764-021-00368-1

Bitkom Research (2021a): https://www.bitkom.org/Presse/Presseinformation/Angriffsziel-deutsche-Wirtschaft-mehr-als-220-Milliarden-Euro-Schaden-pro-Jahr.

Bitkom Research (2021b): Umfrage unter 1.067 Unternehmen mit 10 oder mehr Mitarbeiterinnen und Mitarbeitern 2021.

Bitkom Research (2022): telefonische Umfrage unter 1.502 Erwerbstätigen ab 16 Jahren im Zeitraum Januar und Februar 2022.

---

[24] Vgl. Allianz für Cybersicherheit (2022)

Bonin, H., Eichhorst, W., Kaczynska, J., Kümmerling, A., Rinne, U., Scholten, A., Steffes, S. (2020): Verbreitung und Auswirkungen von mobiler Arbeit und Homeoffice: Kurzexpertise. (Forschungsbericht / Bundesministerium für Arbeit und Soziales, FB549). Berlin: Bundesministerium für Arbeit und Soziales; Universität Duisburg-Essen Campus Duisburg, Fak. für Gesellschaftswissenschaften, Institut Arbeit und Qualifikation (IAQ); Zentrum für Europäische Wirtschaftsforschung (ZEW) GmbH; Institute of Labor Economics (IZA). https://nbn-resolving.org/urn:nbn:de:0168-ssoar-70079-5.

Bundesamt für Sicherheit in der Informationstechnik (BSI) (2020): IT-Sicherheit im Homeoffice unter besonderer Berücksichtigung der COVID-19-Pandemie. https://www.bsi.bund.de/DE/Themen/Unternehmen-und-Organisationen/Cyber-Sicherheitslage/Lageberichte/Cyber-Sicherheitsumfrage/IT-Sicherheit_im_Home-Office/it-sicherheit_im_home-office_node.html.

Civey (2021): Online-Umfrage im Auftrag von news aktuell unter 500 Fachkräften aus Kommunikation/Marketing/Medien in Deutschland in 2021.

Haufe (2022): Homeoffice – Definition und Regelungen im Arbeitsrecht, https://www.haufe.de/thema/homeoffice/ 13.03.2022

Kunze, F., Hampel, K., Zimmermann, S. (2021): Homeoffice und mobiles Arbeiten?: Frag doch einfach! klare Antworten aus erster Hand. München: UVK Verlag. ISBN 978-3-8252-5664-7.

TÜV-Verband (2022): https://www.tuev-verband.de/pressemitteilungen/cybergefahren-im-homeoffice abgerufen am 09.09.2022.

Twilio SendGrid (2020): „2020 Global Messaging Engagement Report". https://sendgrid.com/resource/2020-global-messaging-engagement-report/.

Volkmer, C. (2021): Lehren für die IT-Sicherheit aus einem Jahr Homeoffice. Wirtsch Inform Manag 13, 291–293. https://doi.org/10.1365/s35764-021-00346-7.

Homeoffice Regelungen und Maßnahmen nach BSI Grundschutz

Autor: Jörg-Michael Keuntje

Einleitung

Mit dem ersten Lockdown zu Beginn der Corona-Pandemie waren alle Unternehmen, wo es irgendwie möglich war, gezwungen, innerhalb von wenigen Tagen Mitarbeiter ins Homeoffice zu schicken. Zunächst lag der Fokus nur darauf, dass es irgendwie funktioniert, nach und nach wurden Sicherheitsmaßnahmen implementiert. Jetzt, rund zwei Jahre nach Beginn der Pandemie, stellt sich für viele Unternehmen die Frage, ob Homeoffice als möglicher Arbeitsort erhalten bleiben kann, auch dann, wenn die Pandemie als besiegt gilt. Diese Überlegung ist der Anlass, sich mit dem Thema Informationssicherheit im Homeoffice noch einmal intensiv zu beschäftigen.

In dieser Ausarbeitung sollen die zum IT-Grundschutz des Bundesamtes für Sicherheit in der Informationstechnik (BSI) gehörenden Dokumente betrachtet werden hinsichtlich ihrer Relevanz für die Informationssicherheit im Homeoffice. Dabei liegt der Schwerpunkt der Ausarbeitung nicht darauf, die Bausteine aus dem Grundschutz-Kompendium zu analysieren, die sich speziell mit Homeoffice beschäftigen, sondern besonders den BSI Standard 200-1 und die elementaren Gefährdungen aus dem Grundschutz Kompendium daraufhin zu betrachten, wo sich Implikationen für das Homeoffice ergeben.

Motivation

Die Karnevalssitzung in Gangelt im Kreis Heinsberg, die als Ursache für den ersten Corona Hot Spot in Deutschland gilt, fand am 15. Februar 2020 statt.[1] *"Mitte März 2020 war die Europäische Region der WHO zum Epizentrum der Pandemie [der Coronavirus-Krankheit (COVID-19), Anm. d. Verf.] geworden und meldete über 40 % der weltweit bestätigten Fälle. Mit Stand vom 28. April 2020 entfielen 63 % der weltweiten durch das Virus bedingten Mortalität auf die Europäische Region."*[2] Diese Daten zeigen, dass die Unternehmen in Deutschland praktisch "über Nacht" reagieren mussten und, wo immer es ging, ihre Mitarbeiter zu deren Schutz ins Homeoffice geschickt haben. Zeit, das Thema Homeoffice strategisch (und sicher) zu planen, blieb nicht.

Jetzt, zwei Jahre später im März 2022, verfügen sowohl Arbeitgeber als auch Arbeitnehmer über viele Erfahrungen mit dem Homeoffice, so dass einer Umfrage des BSI (Bundesamt für Sicherheit in der Informationstechnik) zur Folge 58 % der Unternehmen das Homeoffice-Angebot nach der Pandemie aufrechterhalten oder sogar ausweiten wollen[3]. Damit hat sich Homeoffice als neuer "Arbeitsplatz" etabliert.

Das ist Grund genug, sich mit dem Thema Informationssicherheit im Homeoffice zu beschäftigen und zu betrachten, an welchen Stellen sich im IT-Grundschutz des BSI Bezüge zum Homeoffice herstellen lassen. Dabei sollen nicht die einzelnen Bausteine aus dem Grundschutz-Kompendium des BSI der Reihe nach betrachtet werden, sondern es werden

---

[1] O.V. "COVID-19-Pandemie im Kreis Heinsberg", Wikipedia, https://de.wikipedia.org/wiki/COVID-19-Pandemie_im_Kreis_Heinsberg, letzter Zugriff am 21.3.2022
[2] O.V. "Pandemie der Coronavirus-Krankheit (COVID-19)", Weltgesundheitsorganisation, Regionalbüro für Europa, https://www.euro.who.int/de/health-topics/health-emergencies/coronavirus-covid-19/novel-coronavirus-2019-ncov, letzter Zugriff am 21.3.2022
[3] Bundesamt für Sicherheit in der Informationstechnik (BSI), "Ergebnisbericht IT-Sicherheit im Home-Office unter besonderer Berücksichtigung der Covid-19 Situation", Berlin, August 2021, S. 8

der BSI-Standard 200-1 sowie die elementaren Gefährdungen aus dem Grundschutz-Kompendium betrachtet. Dies stellt sicher, dass immer ein ganzheitlicher Blick auf das Thema Informationssicherheit im Homeoffice gegeben ist. Bei jedem Aspekt, der in dieser Ausarbeitung behandelt wird, erfolgt am Ende ein Blick auf Bausteine oder Anforderungen aus Bausteinen, die im Grundschutz-Kompendium das Thema aufgreifen, so dass der Leser, der diesen Aspekt vertiefen möchte, schnell geeignete Referenzen zur Hand hat. Sowohl die BSI-Standards als auch das Kompendium können von der Homepage des BSI heruntergeladen werden.

Der BSI Grundschutz

Der BSI Grundschutz ist eine Vorgehensweise, ein Informationssicherheitsmanagementsystem (ISMS) in einem Unternehmen einzuführen. Unternehmen, die alle erforderlichen Anforderungen erfüllt haben, können sich dann nach IT-Grundschutz auf Basis der internationalen Norm ISO 27001 zertifizieren lassen und so einen Nachweis erlangen, dass Informationssicherheit auf höchstem Niveau auf aktuellen Stand der Technik gewährleistet ist.

Der BSI Grundschutz besteht aus den vier BSI Standards und dem Grundschutz-Kompendium. *"Der im Rahmen der IT-Grundschutz-Modernisierung aktualisierte BSI-Standard 200-1 definiert allgemeine Anforderungen an ein Managementsystem für Informationssicherheit (ISMS). Er ist weiterhin kompatibel zum ISO-Standard 27001 und berücksichtigt die Empfehlungen der anderen ISO-Standards wie beispielsweise ISO 27002."*[4]

---

[4] BSI-Standard 200-1, https://www.bsi.bund.de/DE/Themen/Unternehmen-und-Organisationen/Standards-und-Zertifizierung/IT-Grundschutz/BSI-Standards/BSI-Standard-200-1-Manage-

"Verantwortliche für Informationssicherheit können mit dem Standard 200-2 sowie den erforderlichen Bausteinen aus dem IT-Grundschutz-Kompendium ein ISMS in ihrer Institution aufbauen, bereits bestehende ISMS überprüfen oder erweitern."[5] Es handelt sich also um den Leitfaden, der im Zusammenspiel mit dem Grundschutz-Kompendium beschreibt, wie das ISMS im Unternehmen eingeführt werden kann.

"Mit dem BSI-Standard 200-3 stellt das BSI ein leicht anzuwendendes und anerkanntes Vorgehen zur Verfügung, mit dem Institutionen ihre Informationssicherheitsrisiken angemessen und zielgerichtet steuern können. Das Vorgehen basiert auf den elementaren Gefährdungen, die im IT-Grundschutz-Kompendium beschrieben sind und auf deren Basis auch die IT-Grundschutz-Bausteine erstellt werden."[6]

"Im IT-Grundschutz ist das Thema Business Continuity Management (BCM) bereits seit Jahren fest verankert und bietet mit dem bisherigen BSI-Standard 100-4 zum Notfallmanagement eine fundierte Hilfestellung. Die fortlaufenden Entwicklungen und Erfahrungen in den Bereichen BCM, Notfallmanagement und (IT-)Krisenmanagement sowie mit den angrenzenden BSI-Standards zur Informationssicherheit haben jedoch den Bedarf aufgezeigt, den BSI Standard 100-4 grundsätzlich zu modernisieren. [...] Der BSI-Standard 200-4 bietet eine praxisnahe Anleitung, um ein Business Continuity Management System (BCMS) in der

---

mentsysteme-fuer-Informationssicherheit/bsi-standard-200-1-managementsysteme-fuer-informationssicherheit_node.html, Version 1.0 vom Oktober 2017, letzter Zugriff am 21.3.2022, von dieser Seite kann der Standard auch heruntergeladen werden.

[5] BSI Standard 200-2, https://www.bsi.bund.de/DE/Themen/Unternehmen-und-Organisationen/Standards-und-Zertifizierung/IT-Grundschutz/BSI-Standards/BSI-Standard-200-2-IT-Grundschutz-Methodik/bsi-standard-200-2-it-grundschutz-methodik_node.html, Version 1.0 vom Oktober 2017, letzter Zugriff am 21.3.2022, von dieser Seite kann der Standard auch heruntergeladen werden.

[6] BSI Standard 200-3, https://www.bsi.bund.de/SharedDocs/Downloads/DE/BSI/Grundschutz/BSI_Standards/standard_200_3.html?nn=128620, Version 1.0 vom Oktober 2017, letzter Zugriff am 21.3.2022, von dieser Seite kann der Standard auch heruntergeladen werden.

eigenen Institution aufzubauen und zu etablieren. [...] Bis zur Veröffentlichung des finalen neuen BSI-Standard 200-4 bleibt der BSI-Standard 100-4 gültig."[7]

"Das IT-Grundschutz-Kompendium ist die grundlegende Veröffentlichung des IT-Grundschutzes. Zusammen mit den BSI-Standards bildet es die Basis für alle, die sich umfassend mit dem Thema Informationssicherheit befassen möchten. Im Fokus des IT-Grundschutz-Kompendiums stehen die sogenannten IT-Grundschutz-Bausteine. In diesen Texten wird jeweils ein Thema zu allen relevanten Sicherheitsaspekten beleuchtet. Im ersten Teil der IT-Grundschutz-Bausteine werden mögliche Gefährdungen erläutert, im Anschluss wichtige Sicherheitsanforderungen. Die IT-Grundschutz-Bausteine sind in zehn unterschiedliche Schichten aufgeteilt und reichen thematisch von Anwendungen (APP) über Industrielle IT (IND) bis hin zu Sicherheitsmanagement (ISMS). Das IT-Grundschutz-Kompendium wird jährlich im Februar in einer neuen Edition veröffentlicht."[8]

---

[7] BSI-Standard 200-4 als Community Draft1.0 (CD 1.0), https://www.bsi.bund.de/DE/Themen/Unternehmen-und-Organisationen/Standards-und-Zertifizierung/IT-Grundschutz/BSI-Standards/BSI-Standard-200-4-Business-Continuity-Management/bsi-standard-200-4_Business_Continuity_Management_node.html, letzter Zugriff am 21.3.2022, von dieser Seite kann der Community Draft auch heruntergeladen werden.
[8] IT-Grundschutz-Kompendium Edition 2022, https://www.bsi.bund.de/DE/Themen/Unternehmen-und-Organisationen/Standards-und-Zertifizierung/IT-Grundschutz/IT-Grundschutz-Kompendium/it-grundschutz-kompendium_node.html, letzter Zugriff am 21.3.2022, von dieser Seite kann der Community Draft auch heruntergeladen werden.

Die folgende Abbildung zeigt die Dokumente im Überblick:

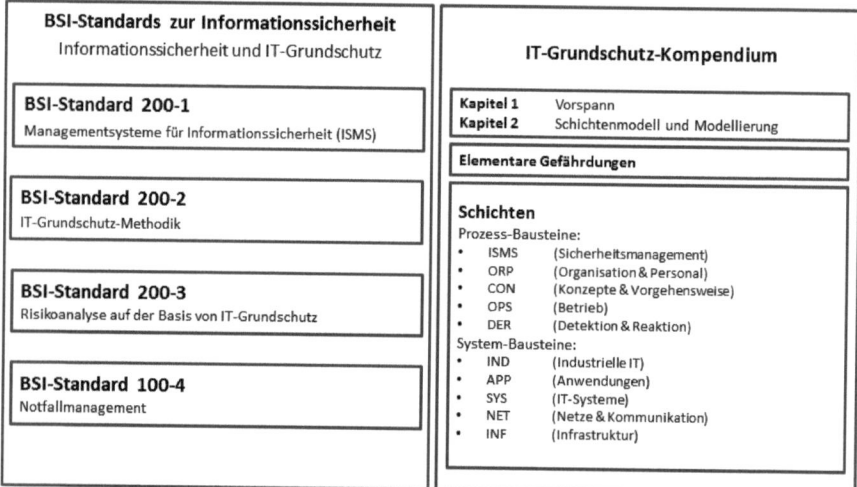

Abbildung 1 Die Dokumente des IT-Grundschutzes im Überblick[9]

Jeder Baustein enthält ein oder mehrere Anforderungen, die jeweils umgesetzt werden müssen. Die Anforderungen sind noch mit Buchstaben gekennzeichnet. Dabei steht (B) für Basisschutz, also für die Anforderungen, die zuallererst umgesetzt werden müssen, um einen Minimalschutz zu erreichen. (S) steht für Standard-Anforderungen nach aktuellem Stand der Technik bei normalem Schutzbedarf. (H) beschreibt Anforderungen, die Unternehmen mit einem hohen Schutzbedarf umsetzen müssen.

In dieser Ausarbeitung steht (wie schon in der Einleitung erwähnt) von den vier Standards der Standard 200-1 im Fokus. Da er die Anforderungen an ein ISMS definiert, lassen sich daraus auch mehrere Anforderungen an das Homeoffice ableiten. Die anderen Standards bieten in dieser Hinsicht wenige Aspekte. Auch aus der Beschreibung der elementaren

---

[9] BSI Standard 200-1, Version 1.0, Oktober 2017, S. 11

Gefährdungen im Grundschutz-Kompendium lassen sich diverse Gefährdungen für das Homeoffice ableiten. Diese Aspekte werden in den nächsten beiden Kapiteln ausführlich erläutert.

Betrachtungen zum BSI Standard 200-1

Allgemeine Betrachtungen

Das BSI betont auch im Standard 200-1 die klassischen Grundwerte der IT-Sicherheit: Vertraulichkeit, Integrität und Verfügbarkeit.[10] Für diese Ausarbeitung ist es nicht notwendig, weitere Grundwerte wie Authentizität oder Nichtabstreitbarkeit zu unterscheiden, es genügt die Betrachtung der drei klassischen Grundwerte. Für Leser, die nicht regelmäßig Veröffentlichungen zur IT-Sicherheit lesen, muss explizit darauf hingewiesen werden, dass nach dieser Definition eine Verletzung der Verfügbarkeit einen Sicherheitsvorfall bedeutet. Die drei Grundwerte gelten natürlich auch im Homeoffice.

Klassisch in der Informationssicherheit ist auch die Dreiteilung der Aufgaben: Die Gesamtverantwortung obliegt der Leitungsebene. Für die Umsetzung der Maßnahmen sowie die Aufrechterhaltung der Sicherheit ist der Informationssicherheitsbeauftragte (ISB, oft auch als Chief Information Officer, CISO, bezeichnet) verantwortlich. Jeder Mitarbeiter muss die IT-Sicherheit an seinem Arbeitsplatz gewährleisten. Letzteres gilt natürlich auch wieder für das Homeoffice. Das BSI schreibt diese Dreiteilung im Standard 200-1 im Kapitel 7.2 "Aufbau einer Sicherheitsorganisation" wie folgt vor:

1. Die Gesamtverantwortung für die Informationssicherheit verbleibt bei der Leitungsebene.

---

[10] BSI Standard 200-1, Version 1.0, Oktober 2017, S. 8

2. *Es muss mindestens eine Person benannt werden, die den Informationssicherheitsprozess fördert und koordiniert, typischerweise als Informationssicherheitsbeauftragter (ISB).*

3. *Jeder Mitarbeiter ist gleichermaßen für seine originäre Aufgabe wie für die Aufrechterhaltung der Informationssicherheit an seinem Arbeitsplatz und in seiner Umgebung verantwortlich.*[11]

Organisatorische Rahmenbedingungen schaffen

In Kapitel 4.1 "Aufgaben und Pflichten des Managements" des Standards unter Punkt 2 "Informationssicherheit initiieren, steuern und kontrollieren" stellt das BSI klar, dass das Management eines Unternehmens verpflichtet ist, die organisatorischen Rahmenbedingungen für die IT-Sicherheit zu schaffen.[12] Dies gilt auch für das Homeoffice.

Die Herausforderung besteht hier vor allem darin, Prozesse "zu Ende zu denken". Zwei einfache Beispiele sollen das verdeutlichen:

Wenn Mitarbeiter im Homeoffice vertrauliche Daten ausdrucken, muss gewährleistet werden, dass die Ausdrucke datenschutzkonform vernichtet werden. Die zugehörige organisatorische Maßnahme besteht darin, den Mitarbeitern im Homeoffice einen Schredder oder andere Aktenvernichtungsmöglichkeiten gemäß den Anforderungen im Unternehmen zur Verfügung zu stellen.

Darüber hinaus muss der Drucker als Unternehmensdrucker betrachtet werden. Darauf wird in Kapitel "Schadprogramme und Integritätsverlust" eingegangen.

Das zweite Beispiel ist uns allen bekannt: Es wird verlangt, dass die Mitarbeiter starke Passwörter verwenden, also muss als organisatorische

---

[11] BSI Standard 200-1, Version 1.0, Oktober 2017, S. 30
[12] BSI Standard 200-1, Version 1.0, Oktober 2017, S. 21

Maßnahme eine Information zur Verfügung gestellt werden, die beschreibt, nach welchem Algorithmus der Mitarbeiter das Passwort wählen kann.

Für eine tiefergehende Betrachtung bieten sich die folgenden Bausteine aus dem Grundschutz-Kompendium an:

- ISMS.1 Sicherheitsmanagement
- ORP.1 Organisation

Mitarbeiter sensibilisieren

Die Mitarbeiter zu sensibilisieren, "Awareness" zu schaffen und sie zum bewussten, reflektierenden Verhalten zu bewegen, ist im Homeoffice noch wichtiger als ohnehin. Im Standard 200-1 wird in Kapitel 4.1 das Management in die Pflicht genommen, diesen Prozess zu initiieren.[13] Kapitel 6 "Einbindung der Mitarbeiter in den Sicherheitsprozess" greift das Thema erneut auf. Darüber hinaus wird das Thema in folgendem Baustein behandelt:

- ORP.3 Sensibilisierung und Schulung zur Informationssicherheit

Incident Management

Ebenfalls in Kapitel 4.1 "Aufgaben und Pflichten des Managements", aber unter Punkt 3 "Informationssicherheit integrieren" verlangt der Standard, dass das Management bei einer Störung das weitere Vorgehen mit dem Sicherheitsmanagement abstimmt.[14]

Dies wirft die Frage auf, wie die Meldung von Störungen vom Homeoffice aus erfolgt. Wenn im Unternehmen ein Meldeweg etabliert ist,

---

[13] BSI Standard 200-1, Version 1.0, Oktober 2017, S. 21
[14] BSI Standard 200-1, Version 1.0, Oktober 2017, S. 21

über den z. B. der Erhalt von Phishing-E-Mails gemeldet werden muss, so sollte dieser auch über die Anbindung aus dem Homeoffice ans Unternehmen funktionieren. Es ist sinnvoll, das aus 2-3 verschiedenen Homeoffices zu testen.

Darüber hinaus muss der Vorgang zur Behebung der Störung im Homeoffice getestet werden, wenn dieser über Fernwartung durchgeführt wird. Für Fälle, in denen sich die Störung nicht durch Fernwartung beheben lässt, z. B., weil ein technischer Defekt das Arbeiten verhindert, muss ein Prozess etabliert werden, wie die Störung behoben wird. Dies ist für das Homeoffice eine besondere Herausforderung vor dem Hintergrund, dass die Entfernung zwischen Homeoffice und Unternehmen viele Kilometer betragen kann.

Wenn die Anbindung des Homeoffice eines Mitarbeiters an das Unternehmen über den Internetzugang eines entsprechenden Providers realisiert ist, muss auch die Frage betrachtet werden, ob ein Ausfall des Internetzugangs gemeldet werden muss oder ob der Mitarbeiter einfach wartet, bis das Internet wieder zur Verfügung steht. Grundsätzlich ist es ein Sicherheitsvorfall, da die Verfügbarkeit nicht mehr gegeben ist.[15] Wenn eine Meldepflicht besteht, muss ein alternativer Meldeweg (Smartphone?) eingerichtet sein, da die übliche Anbindung und damit auch der übliche Meldeweg ausgefallen sind.

Wichtige Bausteine für dieses Thema sind:

- DER.1 Detektion von sicherheitsrelevanten Ereignissen
- DER.2 Security Incident Management (Bausteine 2.1 – 2.3)

---

[15] Vgl. Kapitel "Allgemeine Betrachtungen"

Informationsfluss

In Kapitel 4.2 "Kommunikation und Wissen" behandelt der Standard das Thema Informationsfluss.[16] Bezogen auf das Homeoffice kann davon ausgegangen werden, dass Mitarbeiter genauso Zugang zu allen relevanten Informationen haben wie im Unternehmen und dass neue Informationen die Mitarbeiter genauso erreichen wie im Unternehmen.

Trotzdem muss auf einen Aspekt hingewiesen werden: Der Mitarbeiter, der vergessen hat, wie er eine erhaltene Phishing-E-Mail melden muss, würde im Unternehmen eine kompetente Kollegin fragen. Das kann er im Homeoffice nicht. Er muss erst recherchieren, was er zu tun hat. Das kostet ihn Zeit. Dadurch steigt die Gefahr, dass er die Mail nur löscht und nicht meldet. Außerdem befindet er sich (höchstwahrscheinlich) in seiner privaten Wohnung. Er fühlt sich "zu Hause". Auch dieser Umstand kann dazu führen, dass er geneigt ist, die Regeln aus dem Unternehmen weniger streng zu befolgen und daher die Phishing-E-Mail nicht meldet. Es ist sinnvoll, auf diese Aspekte in den Awareness-Schulungen gesondert einzugehen.

Folgende Bausteine und Anforderungen aus Bausteinen beschäftigen sich mit dieser Frage:

- OPS 1.2.4 Telearbeit, darin Anforderung A8 "Informationsfluss zwischen Mitarbeiter und Institution (S)"
- CON.9 Informationsaustausch

---

[16] BSI Standard 200-1, Version 1.0, Oktober 2017, S. 22

Dokumentation

In dem Kapitel 4.2 wird ausdrücklich auf die Notwendigkeit einer umfangreichen Dokumentation des gesamten Sicherheitsprozesses hingewiesen.[17] Sofern diese noch nicht vorhanden ist, muss sie im Unternehmen dringend erstellt werden. Wenn sie aber vorhanden ist, muss sichergestellt sein, dass Mitarbeiter im Homeoffice auf diese sowie alle weiteren Dokumentationen im Rahmen ihrer Zugriffsrechte zugreifen können.

Dokumentationen, die vor der Pandemie erstellt wurden, berücksichtigen das Thema Homeoffice wahrscheinlich gar nicht. Hieraus ergibt sich die Notwendigkeit, alle vorhandenen Dokumentationen anzuschauen und ggf. auf die neue Situation mit Homeoffice anzupassen.

Der Hinweis auf die Notwendigkeit zur Dokumentation findet sich in unzähligen Bausteinen und Anforderungen. Daher können hier nur einige aufgeführt werden, die speziell für das Homeoffice Bedeutung haben:

- ISMS.1.A13   Dokumentation des Sicherheitsprozesses (S)
- OPS.1.1.2.A20 Verwaltung und Inbetriebnahme von Geräten (S)
- OPS.1.1.7.A14 Zentrale Konfigurationsverwaltung für zu verwaltende Systeme (S)
- OPS.1.2.5.A7   Dokumentation bei der Fernwartung (S)

Analoge Medien

Mit analogen Medien sind vor allem Papierdokumente gemeint. Dieser Aspekt wird im Standard 200-1 nicht explizit angesprochen, sondern es

---

[17] BSI Standard 200-1, Version 1.0, Oktober 2017, S. 23

wird darauf hingewiesen, dass zwischen elektronischen und Papierdokumenten nicht unterschieden wird. [18]

Idealerweise ist ein Unternehmen von den Überlegungen in diesem Unterkapitel nicht betroffen, weil alle Dokumente digital vorliegen. Wenn aber Papierdokumente aus dem Unternehmen im Homeoffice benötigt werden, sollten die folgenden Punkte beachtet werden.

Die erste Frage, die sich stellt, ist, welche Dokumente der Mitarbeiter mit ins Homeoffice nehmen darf. Typischerweise sind die Dokumente klassifiziert in die Kategorien "öffentlich", "unternehmensintern", "vertraulich" und "geheim" mit Festlegungen darüber, welche Mitarbeiter die Kategorien "vertraulich" und "geheim" nutzen dürfen. Selbst wenn der Mitarbeiter das Recht hat, vertrauliche Dokumente zu benutzen, muss geklärt sein, ob er dies auch im Homeoffice darf. Als Nächstes muss ein Vorgesetzter die Mitnahme genehmigen und es muss dokumentiert werden, bei welchem Mitarbeiter sich das Dokument befindet. Auch die spätere Rückgabe muss dokumentiert werden. Es empfiehlt sich, diesen Vorgang als Prozess einzurichten und diesen selbstverständlich auch zu dokumentieren.

Die zweite Frage stellt sich, was passiert, wenn der Mitarbeiter im Homeoffice längerfristig krank wird. Es greift zunächst die im Unternehmen festgelegte Vertretungsregel, aber das Problem tritt auf, wenn der Vertreter die im Homeoffice des kranken Mitarbeiters befindlichen Dokumente benötigt. Lösungen hierfür müssen vor der Mitnahme ins Homeoffice gefunden werden und hinsichtlich ihrer Sicherheitsimplikationen geprüft werden.

Die nächste Frage betrifft den Transport der Dokumente ins Homeoffice. Wenn der Mitarbeiter die Dokumente im Auto transportiert, besteht die (wenn auch geringe) Gefahr eines Autounfalls, bei dem der Mitarbeiter

---

[18] BSI Standard 200-1, Version 1.0, Oktober 2017, S. 8

ins Krankenhaus muss. Wer kümmert sich um die vertraulichen Dokumente im Kofferraum? Benutzt der Mitarbeiter öffentliche Verkehrsmittel, besteht eine gewisse Gefahr, dass seine Tasche mit den Dokumenten gestohlen wird. Dies gilt auch bei einem Transport im Fahrradkorb, wo die Dokumente schnell entwendet werden können. Zusätzlich kommt beim Fahrradtransport die Gefahr des "Verwehens" durch Wind und Beschädigung durch Regen hinzu.

Der letzte Punkt betrifft die Gefahr des Diebstahls der Dokumente. Ein klassischer Einbruch ist in ein Homeoffice sicherlich einfacher zu bewerkstelligen als in ein Unternehmen. Diese Gefahr erscheint im ersten Moment als recht gering, aber bei einem gezielten Angriff auf genau dieses Unternehmen mit dem Ziel der Wirtschaftsspionage und gründlicher Vorbereitung durch die Angreifer steigt das Risiko an.

Wenn analoge Dokumente im Homeoffice bearbeitet werden müssen, ist es sinnvoll, das entstehende Risiko mit einer entsprechenden Risikoanalyse zu bewerten. Bei der Planung hilft der folgende Baustein:

- INF.8 Häuslicher Arbeitsplatz

Betrachtung der elementaren Gefährdungen

Das BSI beschreibt im Grundschutz-Kompendium 47 elementare Gefährdungen. Nicht alle haben Auswirkungen auf das Homeoffice, außerdem beschreiben einige Bedrohungen Szenarien, die in dieser Ausarbeitung gut zusammengefasst werden können. Insofern umfasst dieses Kapitel deutlich weniger als 47 Unterkapitel.

Katastrophen

In diesem Unterkapitel werden die folgenden elementaren Gefährdungen zusammengefasst:

- G 0.5 Naturkatastrophen
- G 0.6 Katastrophen im Umfeld
- G 0.1 Feuer
- G 0.3 Wasser
- G 0.34 Anschlag
- G 0.2 Ungünstige klimatische Bedingungen
- G 0.4 Verschmutzung, Staub, Korrosion
- G 0.7 Großereignisse im Umfeld

Jede der hier genannten Gefährdungen bedroht das Homeoffice wie das Unternehmen selbst. Aber im Gegensatz zum Unternehmen, wo die Bedrohungen die Existenz des Unternehmens gefährden können, sind im Homeoffice nur ein einzelner oder sehr wenige Mitarbeiter betroffen. Erst wenn eine Katastrophe Ausmaße erreicht wie das Drama im Ahrtal, sind viele Mitarbeiter betroffen.

Es besteht also ein leicht erhöhtes Risiko, dass ein einzelner Mitarbeiter nicht arbeiten kann, aber besondere Maßnahmen erscheinen überdimensioniert. Insofern besteht hinsichtlich dieser Gefährdungen kein Schutzbedarf im Homeoffice.

Ausfall von Strom oder Internetzugang

In diesem Unterkapitel werden die folgenden Gefährdungen betrachtet:

- G 0.8   Ausfall oder Störung der Stromversorgung
- G 0.9   Ausfall oder Störung von Kommunikationsnetzen
- G 0.10 Ausfall oder Störung von Versorgungsnetzen
- G 0.11 Ausfall oder Störung von Dienstleistern
- G 0.25 Ausfall von Geräten oder Systemen
- G 0.40 Verhinderung von Diensten (Denial of Service)

Im Kapitel "Incident Management" wurde bereits betrachtet, ob ein Ausfall des Internetzugangs dem Unternehmen als Störung gemeldet werden muss. Analoge Überlegungen gelten für den Ausfall der Stromversorgung oder eines Dienstleisters.

Es macht ebenfalls Sinn, die Gefährdung "Denial of Service" (DoS) hier zu betrachten. Die Wahrscheinlichkeit, dass ein Angreifer ein einzelnes oder auch mehrere Homeoffices per DoS angreift, ist sehr gering. Höher ist die Wahrscheinlichkeit, dass der Provider per DoS erfolgreich angegriffen wird und dadurch der Internetzugang aus dem Homeoffice gestört wird.

Insofern ist hier die entscheidende Überlegung, dass durch den Ausfall der Stromversorgung oder eines Internetproviders in der Regel gleich größere Stadtteile oder noch größere Bereiche betroffen sind und damit eine Vielzahl von Mitarbeitern im Homeoffice nicht mehr arbeitsfähig ist. Das Unternehmen kann dem Ausfall der Stromversorgung durch eine unterbrechungsfreie Stromversorgung (USV) vorbeugen, aber für alle Homeoffices erscheint das wieder überdimensioniert. In den meisten Fällen wird das Unternehmen eine Risikoanalyse durchführen und das Risiko akzeptieren. Evtl. kann das Unternehmen mit den größeren Anbietern sogenannte Service Level Agreements (SLAs) abschließen, um eine Reduzierung des Risikos zu erreichen.

Um den Ausfall (und die Gefahr einer Kompromittierung) eines WLANs oder Internetzugangs im Homeoffice durch schlechte Konfiguration zu reduzieren, können die folgenden beiden Bausteine, die gleichermaßen für den Einsatz im Unternehmen gedacht sind, verwendet werden:

- NET.2 Funknetze (WLAN)
- NET.3 Netzkomponenten (u.a. Firewall)

Unbefugtes Eindringen in Räumlichkeiten

Besondere Betrachtung verdient die Gefährdung

- G 0.44 Unbefugtes Eindringen in Räumlichkeiten

In jedem Unternehmen müssen sich Besucher beim Empfang anmelden und dort warten, bis die besuchte Person sie abholt. Die besuchte Person begleitet den Besucher, bis er das Unternehmen wieder verlässt. Damit kann sich kein Fremder unbeaufsichtigt im Unternehmen bewegen. Der vermeintliche Klempner, der vorgibt, das defekte Klo reparieren zu wollen und in seinem Blaumann einen entsetzlichen Gestank verbreitet, wird von dem gut geschulten Mitarbeiter am Empfang nicht in das Gebäude gelassen, bis geklärt ist, dass der Klempner gar nicht bestellt ist und der vermeintliche Klempner endgültig abgewiesen wird.

Auf das Homeoffice übertragen wirkt diese Bedrohung auf den ersten Blick ungefährlich. Der Mitarbeiter weiß, dass zu Hause kein Klo defekt ist und lässt den vermeintlichen Klempner deswegen gar nicht erst in die Wohnung. Auf den zweiten Blick aber erkennt man Szenarien, die auch im Homeoffice eine große Bedrohung darstellen. Da ist zum einen der Stromableser, der behauptet, alle fünf Jahre den Zähler ablesen zu müssen, um Mogeleien zu verhindern. Welcher Mitarbeiter im Homeoffice, der gerade an wichtigen, zeitkritischen Aufgaben arbeitet, nimmt sich die Zeit zu recherchieren, ob das die Wahrheit ist? In vielen Fällen wird der vermeintliche Stromableser alleine in den Keller geschickt mit einer Beschreibung, wo er den Zähler findet. Wenn sich im Keller auch der

WLAN-Router befindet, hat der Ableser leichtes Spiel, eine kleine unscheinbare Hardware zu installieren.

Zum anderen kommt in regelmäßigen Abständen der Schornsteinfeger ins Haus. Die Abstände verwaltet der Schornsteinfeger, die wenigsten Menschen wissen, wann er das nächste Mal kommen muss. Wenn der Schornsteinfeger einen Auszubildenden mitbringt, hat der Mitarbeiter, der alleine zu Haus im Homeoffice ist, ein Problem: er kann nur einen von beiden begleiten. Wenn der Schornsteinfeger den Azubi in den Keller schickt, und selbst ins Obergeschoss geht, kann der andere unbehelligt Fotos vertraulicher Dokumente machen.

Des Weiteren haben viele, besonders besserverdienende Mitarbeiter, eine Reinigungskraft, die regelmäßig ins Haus kommt und meistens unbeaufsichtigt putzt. Auch diese kann möglicherweise Fotos vertraulicher Dokumente anfertigen. Möglicherweise ist ihr dabei nicht einmal klar, welchen Vertrauensbruch sie dabei begeht.

Die Konsequenz kann nur lauten, dass auch im Homeoffice der Bildschirm beim Verlassen des Geräts gesperrt wird und Dokumente immer verschlossen aufbewahrt werden. Zusätzlich sind mobile Geräte mit einer Verschlüsselung zu schützen, um zumindest dem Verlust der Vertraulichkeit bei Diebstahl vorzubeugen. Alle Passwörter müssen den im Unternehmen üblichen Regeln genügen.

Die betreffenden Bausteine und Anforderungen sind

- CON.1   Kryptokonzept
- INF.8   Häuslicher Arbeitsplatz, darin besonders Anforderung A3
- INF.8.A3   Schutz vor unbefugtem Zutritt am häuslichen Arbeitsplatz (B)

Diebstahl und Verlust von Geräten

Im Grundschutz-Kompendium wird dies in folgenden Gefährdungen beschrieben:

- G 0.16 Diebstahl von Geräten, Datenträgern oder Dokumenten
- G 0.17 Verlust von Geräten, Datenträgern oder Dokumenten

In der Vergangenheit hat es immer schon Mitarbeiter gegeben, die mit mobilen Geräten unterwegs waren. Durch die Einführung von Homeoffice ist die Zahl deutlich gestiegen und damit auch die Gefahr, dass Geräte im Taxi, auf dem Flugplatz oder im Park vergessen oder gestohlen werden. Es empfiehlt sich, die Regelungen und Sicherheitsmaßnahmen, die sich in der Vergangenheit bewährt haben, auf die Geräte im Homeoffice zu übertragen. Insbesondere ist der Baustein "Kryptokonzept" zu beachten.

- CON.1 Kryptokonzept

Darüber hinaus ist der Einsatz eines Mobile Device Managements dringend empfehlenswert, um bei Verlust oder Diebstahl die Daten auf dem Gerät löschen zu können.

Verlust der Vertraulichkeit

Der Verlust der Vertraulichkeit ist besonders bei den folgenden Gefährdungen gegeben:

- G 0.14 Ausspähen von Informationen (Spionage)
- G 0.19 Offenlegung schützenswerter Informationen
- G 0.15 Abhören

Ein besonderes Risiko besteht hierfür im Homeoffice, wenn Informationen, sei es auf dem Bildschirm oder auf Papierdokumenten, von außen durch ein Fenster einsehbar sind. "Passanten" können unbemerkt Fotos schießen oder dreiste Angreifer sogar Filmaufnahmen mittels einer Drohne machen.

Ein weiteres Risiko, das im Unternehmen nicht vorhanden ist, ist das Leben in Wohngemeinschaften (WG). Für Studierende, die z. B. als Werkstudenten oder während eines Praktikums beschäftigt sind, ist das eine sehr verbreitete Wohnsituation genauso wie für Berufseinsteiger in Ballungszentren. Typischerweise herrscht innerhalb einer WG großes Vertrauen untereinander. Trotzdem muss der Mitarbeiter in der WG im Homeoffice Sorge dafür tragen, dass die mobilen Geräte wie zuvor beschrieben geschützt sind und die Dokumente verschlossen aufbewahrt werden.

Die Gefährdung "Abhören" ist im Grundschutz-Kompendium eher technisch gemeint. Trotzdem kann in einer WG bei einer Videokonferenz "Lauschen an der Tür" eine Bedrohung darstellen. Abhilfe kann hier ein Headset und ein leise sprechender Mitarbeiter sein. Das Headset ggf. zur Verfügung zu stellen, ist wieder eine organisatorische Maßnahme.[19] Über die hier schon beschriebenen Maßnahmen hinaus kann folgender Baustein zu Rate gezogen werden:

- INF.9: Mobiler Arbeitsplatz

Schadprogramme und Integritätsverlust

Es gibt viele elementare Gefährdungen, die mit Schadprogrammen und Integritätsverlust zu tun haben:

- G 0.39 Schadprogramme
- G 0.28 Software-Schwachstellen oder -Fehler
- G 0.23 Unbefugtes Eindringen in IT-Systeme
- G 0.21 Manipulation von Hard- oder Software
- G 0.22 Manipulation von Informationen

---

[19] Vgl. Kapitel Organisatorische Rahmenbedingungen

- G 0.46 Integritätsverlust schützenswerter Informationen
- G 0.45 Datenverlust
- G 0.26 Fehlfunktion von Geräten oder Systemen
- G 0.30 Unberechtigte Nutzung oder Administration von Geräten und Systemen
- G 0.31 Fehlerhafte Nutzung oder Administration von Geräten und Systemen
- G 0.32 Missbrauch von Berechtigungen
- G 0.20 Informationen oder Produkte aus unzuverlässiger Quelle
- G 0.36 Identitätsdiebstahl
- G 0.41 Sabotage

Für alle hier beschriebenen Gefährdungen existieren bereits Sicherheitsmaßnahmen, die im Unternehmen angewendet werden. Spätestens mit den Überlegungen zu „Bring your own device (BYOD)" haben die Unternehmen Regelungen getroffen, wie sie mit den Gefährdungen auf mobilen Geräten umgehen. Diese Regelungen müssen nur auf die Geräte in Homeoffice übertragen werden.

Jedoch sollte an dieser Stelle mit der Betrachtung von Druckern im Homeoffice noch ein Aspekt hinzugefügt werden. Für Drucker werden die wenigsten Unternehmen BYOD-Regelungen haben. In dem Kapitel „Organisatorische Rahmenbedingungen" wurde unter dem Aspekt „Vernichtung der Papierdokumente" daraufhin gewiesen, dass Mitarbeiter möglicherweise Daten im Homeoffice ausdrucken. Hier, bei der Betrachtung der Geräte, geht es um den Drucker selbst. Wenn im Unternehmen eine Regel besteht, wie alte Drucker aus Datenschutzgründen zu entsorgen sind, muss diese Regel konsequenterweise auch auf den Drucker im Homeoffice angewendet werden. Eine schwer zu überprüfende Lösung ist, Ausdrucken zu verbieten, eine teure Lösung ist, Homeoffice-Drucker vom Unternehmen zu beschaffen.

Die relevanten Bausteine sind

- CON.6: Löschen und Vernichten
- OPS 1.2.5 Fernwartung
- OPS.1.1 Kern-IT-Betrieb, darin besonders
- OPS.1.1.3 Patch- und Änderungsmanagement
- OPS.1.1.4 Schutz vor Schadprogrammen

Die gesamte Schicht APP (regelt Anforderungen an die eingesetzten Anwendungen)

Social Engineering

Die Gefahren von Social Engineering werden in folgender Gefährdung beschrieben:

- G 0.42 Social Engineering

Die Gefahren, die durch Social Engineering entstehen, sind inzwischen die größten Bedrohungen überhaupt. Sie lauern überall und reichen vom einfachen Mithören von Unterhaltungen bis zu gezielten Angriffen, die menschliche Eigenschaften wie Angst oder Hilfsbereitschaft ausnutzen. Sie sind natürlich auch im Homeoffice gegenwärtig. Daher muss hier auf die Notwendigkeit geeigneter, regelmäßiger Awareness-Maßnahmen hingewiesen werden, wie sie in folgendem Baustein gefordert werden:

- ORP.3 Sensibilisierung und Schulung zur Informationssicherheit

Bausteine speziell für Homeoffice und Mobiles Arbeiten

Abschließend soll darauf hingewiesen werden, dass das Grundschutz-Kompendium drei Bausteine enthält, die sich speziell mit Homeoffice und Mobilem Arbeiten beschäftigen. Sie wurden in den vorhergehenden

Kapiteln schon gelegentlich genannt, sollen aber für Leser, die einen Einstieg in das Thema suchen, hier noch einmal zusammenfassend erwähnt werden:

- OPS.1.2.4   Telearbeit
- INF.8   Häuslicher Arbeitsplatz
- INF.9   Mobiler Arbeitsplatz

Fazit

Informationssicherheit ganzheitlich in einem Unternehmen herzustellen und aufrechtzuerhalten war schon vor der Corona-Pandemie eine Herausforderung. Mit dem notwendigen schnellen Umstieg auf Homeoffice ist das nicht leichter geworden. Zwar können viele Maßnahmen, die schon vorher existiert haben, auf das Homeoffice angewendet werden, aber es ergeben sich auch neue Anforderungen, die bewältigt werden müssen. Die einzelnen Unterkapitel der beiden vorausgehenden Kapitel geben dazu Denkanstöße. Letztendlich bleibt es aber, wie es schon immer war: Mit Informationssicherheit ist man nie fertig, es bleibt ein ständiger Prozess, nur ist er durch Homeoffice noch ein bisschen komplexer geworden.

Verwendete Literatur

O.V. „COVID-19-Pandemie im Kreis Heinsberg", Wikipedia, https://de.wikipedia.org/wiki/COVID-19-Pandemie_im_Kreis_Heinsberg, letzter Zugriff am 21.3.2022

O.V. „Pandemie der Coronavirus-Krankheit (COVID-19)", Weltgesundheitsorganisation, Regionalbüro für Europa, https://www.euro.who.int/de/health-topics/health-emergencies/coronavirus-covid-19/novel-coronavirus-2019-ncov, letzter Zugriff am 21.3.2022

Bundesamt für Sicherheit in der Informationstechnik (BSI), „Ergebnisbericht IT-Sicherheit im Home-Office unter besonderer Berücksichtigung der Covid-19 Situation", Berlin, August 2021

BSI-Standard 200-1, https://www.bsi.bund.de/DE/Themen/Unternehmen-und-Organisationen/Standards-und-Zertifizierung/IT-Grundschutz/BSI-Standards/BSI-Standard-200-1-Managementsysteme-fuer-Informationssicherheit/bsi-standard-200-1-managementsysteme-fuer-informationssicherheit_node.html, Version 1.0 vom Oktober 2017, letzter Zugriff am 21.3.2022

BSI Standard 200-2, https://www.bsi.bund.de/DE/Themen/Unternehmen-und-Organisationen/Standards-und-Zertifizierung/IT-Grundschutz/BSI-Standards/BSI-Standard-200-2-IT-Grundschutz-Methodik/bsi-standard-200-2-it-grundschutz-methodik_node.html, Version 1.0 vom Oktober 2017

BSI Standard 200-3, https://www.bsi.bund.de/SharedDocs/Downloads/DE/BSI/Grundschutz/BSI_Standards/standard_200_3.html?nn=128620, Version 1.0 vom Oktober 2017

BSI-Standard 200-4 als Community Draft1.0 (CD 1.0), https://www.bsi.bund.de/DE/Themen/Unternehmen-und-Organisationen/Standards-und-Zertifizierung/IT-Grundschutz/BSI-Standards/BSI-Standard-200-4-Business-Continuity-Management/bsi-standard-200-4_Business_Continuity_Management_node.html, letzter Zugriff am 21.3.2022

IT-Grundschutz-Kompendium Edition 2022, https://www.bsi.bund.de/DE/Themen/Unternehmen-und-Organisationen/Standards-und-Zertifizierung/IT-Grundschutz/IT-Grundschutz-Kompendium/it-grundschutz-kompendium_node.html, letzter Zugriff am 21.3.2022

Kommunikationssicherheit im Homeoffice

Herausforderungen für Unternehmen und Mitarbeiter durch den kurzfristigen Wechsel in das Homeoffice

Autor: Philipp Scholand

Einleitung

Forschungsfrage und Zielsetzung

Durch die COVID-19-Pandemie sind viele Mitarbeiter in kürzester Zeit weltweit aus ihren Unternehmensbüros in das Homeoffice gegangen. Dieser Wechsel stellt die betroffenen Unternehmen vor eine große Herausforderung. Unter normalen Umständen fällt die private Infrastruktur nicht in den Verantwortungsbereich der Unternehmen, sondern in den der Mitarbeiter. Durch die Verlagerung der Arbeitstätigkeiten in das eigene Zuhause sind die Unternehmen mitverantwortlich für die Gewährleistung der Kommunikationssicherheit im Homeoffice.

Ziel dieser wissenschaftlichen Arbeit ist es, den aktuellen Stand der Kommunikationssicherheit in Unternehmen und im Homeoffice zu analysieren, zu bewerten und Potentiale zur Verbesserung der privaten Heimnetzwerke aufzudecken. Die Verwendung von Studien und Umfragen soll ein aktuelles Bild über die Herausforderungen vor und während der COVID-19-Pandemie liefern und Veränderungen herausstellen. Eine

Schwachstellenanalyse soll die Probleme der Unternehmen und der privaten Netzwerke offenlegen und erklären. Die zusammengefassten Erkenntnisse werden in einen Optimierungsprozess übertragen, welcher die Schwachstellen beseitigen soll. Durch diese Forschungsarbeit sollen Unternehmen und Mitarbeiter darauf aufmerksam gemacht werden, wie es um die aktuelle Kommunikationssicherheit im Zeitalter von Homeoffice steht und welche Aspekte es dabei zu beachten gilt.

Methodik und Aufbau

Diese Forschungsarbeit beruht auf theoretischen Grundlagen und Studien aus der Wirtschaft, die ein Verständnis für ausgewählte Bereiche vermitteln sollen. Darauf aufbauend wird das Thema Kommunikationssicherheit und Homeoffice behandelt.

Innerhalb des zweiten Kapitels werden ausgewählte Begriffe definiert und abgegrenzt. Sie dienen als theoretische Grundlagen für die weitere Arbeit.

Das dritte Kapitel befasst sich mit der Schwachstellenanalyse der Unternehmen und privaten Netzwerke. Hier werden Studien und Umfragen herangezogen, um einen Überblick über den aktuellen Stand zu bekommen. Zudem werden Gefahren der Unternehmen angesprochen, die sich auf das Heimnetzwerk übertragen lassen. Lösungsansätze werden vorgestellt.

Den Abschluss bilden die Zusammenfassung und der Ausblick, in denen die Ergebnisse dieser Arbeit reflektiert werden.

Begriffsdefinitionen und Abgrenzungen

Im folgenden Kapitel werden die Schutzziele der Informationssicherheit sowie die technischen Grundlagen der verschiedenen WLAN-Standards und eines Virtual Private Networks jeweils kurz zusammengefasst.

Schutzziele der Informationssicherheit

Innerhalb eines Unternehmens werden unterschiedliche Daten erzeugt, verarbeitet, gespeichert oder auch gelöscht. Dies betrifft sowohl digitale als auch analoge Daten. Ein Unternehmen ist daran interessiert, dass diese Daten den unternehmerischen Handlungen entsprechend verwendet werden. Insbesondere personenbezogene Daten müssen in Organisationen datenschutzkonform verarbeitet und gespeichert werden. Eine entsprechende Verwendung bedeutet dabei auch, dass nicht alle Mitarbeiter gleichermaßen Zugriff auf die gesamte Datenmenge erhalten und auch nicht alle erhobenen Daten dauerhaft gespeichert werden dürfen. Der Schutz digitaler Daten steht im Vordergrund der IT-Sicherheit. Um diese Sicherheit überprüfen zu können, wurden Schutzziele und Schutzbedarfe der Daten in der Informationssicherheit festgelegt.[47]

In Tabelle 1 sind die Schutz- und Gewährleistungsziele der Informationssicherheit und des Datenschutzes dargestellt. Zusätzlich sind erweiterte Schutzziele aufgeführt, die den drei Oberbegriffen Vertraulichkeit, Integrität und Verfügbarkeit zugeordnet werden können. **Vertraulichkeit** bedeutet den Schutz der Informationen vor unbefugter Preisgabe an Personen, die nicht dem vorgesehenen Personenkreis angehören.[48][49] **Integrität** soll die Zuverlässigkeit der Daten im Hinblick auf Vollständigkeit und Richtigkeit bewahren. Dazu gehört auch die fehlerfreie Verwendung in Systemen. **Verfügbarkeit** steht für das Ziel einer dauerhaften Gewährleistung der möglichen Datenverarbeitung und -nutzung innerhalb der Organisation.

---

[47] Vgl. Hanschke (2019), S. 95 ff.
[48] Hier und im Folgenden vgl. Hanschke (2019), S. 98 ff.
[49] Vgl. Rost und Weichelt (2020), S. 25 ff. – „Konferenz der unabhängigen Datenschutzaufsichtsbehörden des Bundes und der Länder (Datenschutzkonferenz)".

Schutzziele der Informationssicherheit:
Vertraulichkeit
Integrität
Verfügbarkeit
Erweiterte Schutzziele der Informationssicherheit:
Authentizität
Verbindlichkeit
Zurechenbarkeit
Privatsphäre
Ergänzende Gewährleistungsziele aus dem Kontext des Datenschutzes:
Datenminimierung
Nichtverkettung
Transparenz
Intervenierbarkeit

Tabelle 1: Schutz- und Gewährleistungsziele (in Anlehnung an Hanschke (2019), S. 95-105)

Es muss jederzeit die Möglichkeit bestehen, die Daten zu nutzen, beispielsweise durch die Verwendung von Backups.

Die drei genannten Schutzziele können durch weitere Unterbegriffe ergänzt werden. Dazu gehört die Sicherstellung der **Authentizität** für die Überprüfbarkeit der Daten und Datenherkunft auf Korrektheit. **Verbindlichkeit** bedeutet die nachweisbare Rückverfolgbarkeit von erfolgter

Kommunikation. Das Schutzziel der **Zurechenbarkeit** dient der Zuordnung einer erfolgten Aktion zu dem auslösenden Nutzer. **Privatsphäre für Informationen**. Dies bedeutet, dass nur der vorgesehene Personenkreis Einsicht auf Inhalt und Herkunft nehmen kann. Unbefugte können weder den Erzeuger noch die Information selbst einsehen.

Zu den Schutzzielen der Informationssicherheit können weitere Gewährleistungsziele gezählt werden, die insbesondere den Datenschutz ansprechen. Mit dem Ziel der **Datenminimierung** sollen für Vorgänge im Unternehmen, nur relevante und unbedingt notwendige Informationen erfasst werden. **Nichtverkettung** bedeutet, dass personenbezogene Daten nicht zusammengeführt werden dürfen, wenn der zu erhebende Zweck es nicht erfordert. **Transparenz** im gesamten Verarbeitungsprozess ist für die Gewährleistung des Datenschutzes für alle Beteiligten (Zweck, Daten, Systeme, Fluss und Verantwortlichkeiten) nötig. **Intervenierbarkeit** heißt, dass jederzeit die Möglichkeit der verantwortlichen Stelle besteht einzugreifen. Unter einem Eingriff kann die Veränderung der Berechtigung, Löschbarkeit, Einschränkbarkeit, Datenübertragbarkeit und Eingriffsmöglichkeit selbst verstanden werden.

WLAN-Sicherheit

Die größte Veränderung zwischen einem Local Area Network (LAN) und einem Wireless-LAN (WLAN) ist der vergrößerte, potenzielle Empfängerkreis. LANs sind abhängig von einem Anschluss mit einem physisch verfügbaren Netzwerkkabel. Nur Geräte, die mit dem entsprechenden Netzwerkkabel verbunden sind, können dem LAN beitreten. Ein WLAN ist nicht auf ein Netzwerkkabel angewiesen. Es ist potenziell für jedes Gerät nutzbar, welches sich innerhalb des Abdeckungsraumes (Funkreichweite) befindet. Der Abdeckungsraum kann physische Barrieren, wie beispielsweise Bürowände, überwinden.[50] Eine Absicherung

---

[50] Vgl. Schäfers und Walde (2018), S. 69.

des Netzwerkes durch die physische Infrastruktur ist daher nicht mehr möglich. Die Technologie des WLAN muss diese Absicherung übernehmen. In den nachfolgenden Abschnitten wird auf die ehemaligen und aktuellen Sicherheitsarchitekturen des WLAN eingegangen.

Wired Equivalent Privacy Protocol (WEP)

WEP ist die erste Sicherheitsarchitektur für den WLAN-Standard IEEE[51] 802.11. Diese Architektur ist spätestens seit 2003 durch ihre Nachfolger (WPA, WPA2) abgelöst worden und sollte aufgrund von Sicherheitsschwachstellen nicht mehr verwendet werden. Die Schwachstellen ergeben sich aus der eingesetzten Kryptographie-Architektur.[52]

Sollen Geräte kabellos mit dem Netzwerk verbunden werden, dann benötigen diese für den Zugang einen Geheimschlüssel (k). Dieser Geheimschlüssel (k) bleibt konstant und wird mit allen Geräten, die mit dem Netzwerk verbunden sind, ausgetauscht. Borisov, Goldberg und Wagner haben im Jahr 2001 erstmals Sicherheitsprobleme im WLAN-Standard IEEE 802.11 mit WEP aufgeführt. Der Angreifer nutzt zur Entschlüsselung die Eigenschaften des RC4-Algorithmus, der durch den Geheimschlüssel (k) und einen Initialisierungsvektor (IV) maßgeblich geprägt wird. Der RC4-Algorithmus erzeugt einen pseudozufälligen Schlüsselstrom, welcher sich nach spätestens 2^{24} übertragenen Nachrichten wiederholen muss.[53][54]

---

[51] Institute of Electrical and Electronics Engineers, Berufsverband für die Standardisierung von Technologien.
[52] Vgl. Schwenk (2020), S. 95.
[53] Vgl. Borisov, Goldberg und Wagner (2001).
[54] Vgl. Schwenk (2020), S. 97 ff.

Wi-Fi Protected Access (WPA)

WPA ist der im Jahr 2003 erschienene Nachfolger der WEP-Sicherheitsarchitektur. Der Nachfolger wurde entwickelt, um das als unsicher geltende WEP abzulösen. Grundlage für WPA ist dennoch die WEP-Sicherheitsarchitektur, da die Umstellung der Infrastruktur von WEP auf WPA aufgrund der kritischen Sicherheitsprobleme unmittelbar erfolgen musste. Die WEP-Sicherheitsarchitektur wurde durch Anpassungen im Bereich der dynamischen Schlüssel sicherheitstechnisch aktualisiert. Grundlage für die angepasste Sicherheitsarchitektur ist der Pairwise Master Key (PMK) und der verbesserte Handshake. Der PMK ist ein symmetrischer Schlüssel, der zwischen dem ausgehenden und eingehenden Gerät ausgetauscht wird. Im Gegensatz zur WEP-Architektur, mit dem Geheimschlüssel k, wird der PMK nicht in seiner gleichbleibenden Form ausgetauscht, sondern es werden neue Schlüssel innerhalb des Netzwerkes aus dem PMK abgeleitet. Diese neuen Schlüssel werden Pairwise Transient Key (PTK) genannt. Jedes mit dem Netzwerk verbundene Gerät erhält einen eigenen, individuellen PTK. Wird ein Gerät erfolgreich attackiert, dann erhält der Angreifer nur den eigens für das Gerät abgeleiteten PTK. Der für das gesamte Netzwerk gültige PMK bleibt für den Angreifer weiterhin unbekannt.[55]

Ebenso wie WEP sollte WPA nicht mehr verwendet werden, da Komponenten des Nachrichten-Handshakes erfolgreich angegriffen und dadurch das gesamte System kompromittiert werden können.[56]

---

[55] Vgl. Schwenk (2020), S. 102.
[56] Vgl. Schwenk (2020), S. 103.

Wi-Fi Protected Access 2 (WPA2)

WPA2 entspricht dem WLAN-Standard IEEE 802.11i in der Draft-Version 9.0. Gegenüber dem Vorgänger WPA wurde die Art der Verschlüsselung bei WPA2 geändert, da die bisherige Verschlüsselungsart als unsicher gilt.[57]

Verschiedenen Wissenschaftlern sind erfolgreiche Angriffe auf durch WPA2 geschützte Netzwerke gelungen, darunter auch Key Reinstallation Attacks oder das sogenannte Hole 196. Beide Attacken setzen einen Innentäter voraus, der bereits Zugang zu einem kompromittierten Gerät innerhalb des Netzwerkes hat. Dadurch ist es Angreifern gelungen, den Datenverkehr innerhalb des Netzwerkes mitzulesen.[58][59] Trotz dieser Angriffe gilt der WPA2 Standard weiterhin als sehr sicher, vorausgesetzt es werden schwierige und lange Passwörter verwendet.[60]

Wi-Fi Protected Access 3 (WPA3)

WPA3 wurde 2018 veröffentlicht, um den in der Zwischenzeit geknackten Vorgänger WPA2 zu ergänzen und ist zum jetzigen Zeitpunkt der neueste WLAN-Standard. Die Änderungen bei WPA3 beziehen sich vor allem auf den sogenannten Dragonfly-Handshake, welcher aus schwachen Passwörtern sichere Schlüssel generieren soll.[61] Dieser WLAN-Standard wurde bereits im Jahr 2019 geknackt und weist seitdem mehrere Sicherheitslücken auf. Allerdings müssen sich Angreifer im unmittelbaren Umfeld des anzugreifenden Netzwerkes befinden.[62][63]

---

[57] Vgl. Schwenk (2020), S. 103.
[58] Vgl. Schwenk (2020), S. 107 f.
[59] Vgl. Eckert (2014), S. 917.
[60] Vgl. Knobloch (2019), S. 359.
[61] Vgl. Schwenk (2020), S. 108 f.
[62] Vgl. Cimpanu (2019).
[63] Vgl. Vanhoef und Ronen (2019).

Nach Angaben der Wi-Fi Alliance können die Sicherheitsrisiken durch bereits veröffentlichte Patches minimiert, aber nicht vollständig ausgeschlossen werden. Hinweise darauf, ob die Sicherheitslücken ausgenutzt worden sind, existieren nach Aussage von der Wi-Fi Alliance nicht.[64]

Wi-Fi Protected Setup (WPS)

WPS ist ein WLAN-Standard aus dem Jahr 2007, der eine einfache Verbindung mit einem Netzwerk ermöglichen soll, ohne dass dabei der Netzwerkschlüssel eingegeben werden muss. Um sich per WPS mit dem Netzwerk zu verbinden, kann unter anderem ein PIN oder ein Push-Button genutzt werden.[65]

Wird die PIN-Methode gewählt, dann müssen sich Sende- und Empfangsgerät eine achtstellige Zahlenkombination gegenseitig bestätigen. Der Austausch eines langen Netzwerkschlüssels durch eine achtstellige Nummer erhöht die Gefahr einer erfolgreichen Brute Force Attacke, da die Zahl der möglichen Kombinationen im Vergleich zum Netzwerkschlüssel stark begrenzt wird. Zudem ist in der Mehrheit der Geräte eine fest definierte PIN gespeichert, die bei jeder Abfrage identisch bleibt.

Ebenso wie die PIN-Methode ist auch die Variante des Push-Buttons sicherheitstechnisch zu kritisieren. Wird der am Sendegerät befestigte Push-Button gedrückt, dann können sich Geräte innerhalb eines bestimmten Zeitraums ohne weitere Sicherheitshürde mit dem Netzwerk verbinden. Vorausgesetzt die Empfangsgeräte befinden sich in der Reichweite des Sendegerätes.

---

[64] Vgl. Wi-Fi Alliance (2019).
[65] Hier und im Folgenden vgl. Schäfers und Walde (2018), S. 85 f.

Virtual Private Network (VPN)

Eine sichere Verbindung zwischen zwei Endpunkten innerhalb des Internets kann mit einem virtuellen privaten Netzwerk realisiert werden. Dafür werden Datenpakete zwischen zwei oder mehreren verteilten Netzwerken verschlüsselt über das öffentliche Internet übertragen. Es kann allgemein zwischen drei unterschiedlichen VPN-Szenarien unterschieden werden (s. auch Abbildung 2): [66]

- Site-to-Site,
- End-to-Site und
- End-to-End-VPN.

Site-to-Site-VPN

Ein Site-to-Site-VPN (Gateway-to-Gateway-VPN, Intranet-VPN) wird mindestens durch zwei eigenständige und internetfähige Netzwerke an unterschiedlichen Standorten miteinander verbunden. Die Verbindung erfolgt nicht direkt von Netzwerk zu Netzwerk, sondern wird über Gateways abgewickelt. Der Datenverkehr innerhalb des Netzwerkes wird nur zwischen diesen Gateways verschlüsselt.

---

[66] Vgl. Domnick (2019), S. 328 f.

Damit Computer der Beschäftigten dem VPN beitreten können, müssen sie sich an einem der verbundenen Unternehmensstandorte befinden. Dieses VPN-Szenario ermöglicht keine Verbindung aus dem privaten Homeoffice heraus.[67]

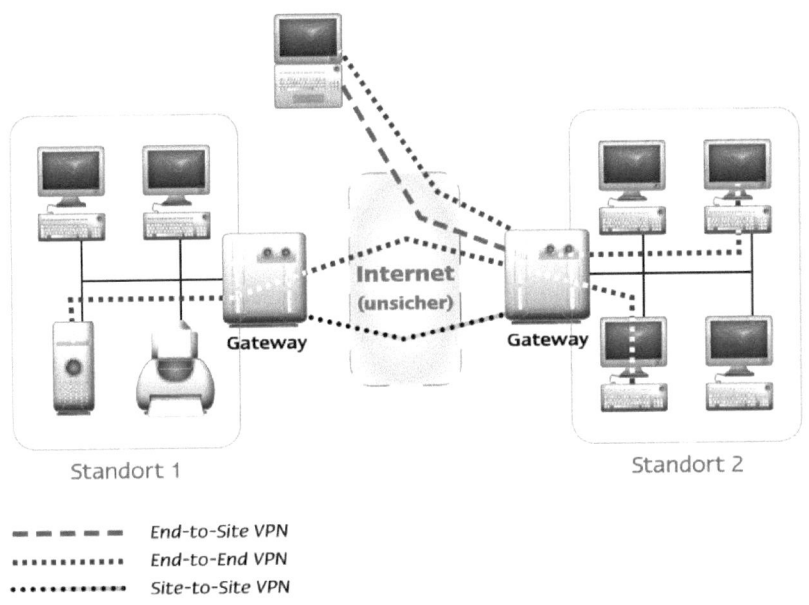

Abbildung 2: VPN-Szenarien (Domnick et al. (2019), S. 328)

End-to-Site-VPN

Die zweite Möglichkeit Zugang zum internen Netzwerk des Unternehmens zu bekommen, kann über ein End-to-Site-VPN erfolgen. Mitarbeiter können mit ihren Geräten standortunabhängig eine Verbindung mit dem Unternehmensnetzwerk (Intranet) aufbauen. Dieses Szenario eignet sich damit für den Homeoffice-Einsatz.

---

[67] Hier und im Folgenden vgl. Domnick (2019), S. 328 f.

End-to-End-VPN

Eine End-to-End-Verbindung findet nur zwischen zwei Endgeräten und nicht mit einem ganzen Netzwerk statt. Die Verbindung wird nicht nur über die Gateways verschlüsselt, sondern die Absicherung erfolgt bereits über die miteinander verbundenen Endgeräte. Für den unternehmensweiten Einsatz im Homeoffice ist diese Art der Verbindung möglich, aber nicht praktikabel, da für jede Kommunikationsverbindung zwischen zwei Geräten ein eigener Schlüssel genutzt werden muss.

Von VPN können auch Gefahren ausgehen. Eine Möglichkeit diese virtuellen Netzwerke zu gefährden ist das Firewall-Tunneling. Dieser Vorgang beschreibt die Umgehung der konfigurierten Firewall durch die Verwendung bestimmter IP-Adressen oder Port Nummern, die nicht gesperrt wurden. Deshalb sollte die Firewall auf Basis der Datenpaketinhalte entscheiden, welche Aktionen erlaubt oder verboten sind.[68]

Kommunikationssicherheit im Homeoffice und in Unternehmen allgemein

Nachdem im vorherigen Kapitel ausgewählte technische Grundlagen dargestellt wurden, folgt in diesem Kapitel eine Analyse und Bewertung der Kommunikationssicherheit in Homeoffice und Unternehmen. In den ersten Abschnitten werden insbesondere deutsche Unternehmen analysiert.

Schwachstellenanalyse der Unternehmen im Umgang mit Homeoffice

In den nachfolgenden Abschnitten werden Statistiken gezeigt, welche den Zustand vor und während der COVID-19-Pandemie vergleichen.

---

[68] Vgl. Domnick (2019), S. 348.

Dadurch sollen insbesondere aufgetretene Schwachstellen verdeutlicht und Veränderungen, die während der Pandemie angestoßen wurden, sichtbar gemacht werden.

Homeoffice-Nutzung und IT-Kompetenz der Mitarbeiter deutscher Unternehmen

Die COVID-19-Pandemie hat weiterhin großen Einfluss auf die Arbeitssituation vieler Beschäftigter. Dies zeigt die Ifo-Umfrage zu dem Thema „Anteil von Unternehmen mit Homeoffice" (Abbildung 3). Seit Beginn der Pandemie setzen Unternehmen verstärkt auf den regelmäßigen Einsatz von Homeoffice[69]. Kleine Unternehmen mit einer Mitarbeiterzahl von bis zu 49 Beschäftigten im Homeoffice verzeichneten eine Steigerung von 21 Prozent durch COVID-19. Bei Unternehmen mit 50 bis 499 Mitarbeiter liegt ein Zuwachs von 29 Prozent vor. Diese Unternehmen haben den größten Anstieg zu dokumentieren. In Unternehmen mit mehr als 500 Mitarbeitern, welche im Homeoffice arbeiten könnten, haben dies in der COVID-19-Pandemie zu 97 Prozent ausgenutzt. Das entspricht einem Zuwachs von 23 Prozent während der Pandemie. Größere Unternehmen setzten die Möglichkeit im Homeoffice zu arbeiten konsequenter um. Im Allgemeinen ist die Zahl der Homeoffice-Beschäftigten, unabhängig von der Unternehmensgröße, gestiegen.[70]

---

[69] Homeoffice wird in dieser Studie als Überbegriff für die Begriffe *Homeoffice*, *Heimarbeit* und *mobiles Arbeiten* gesehen.
[70] Vgl. Demmelhuber et al. (2020), S. 2 f.

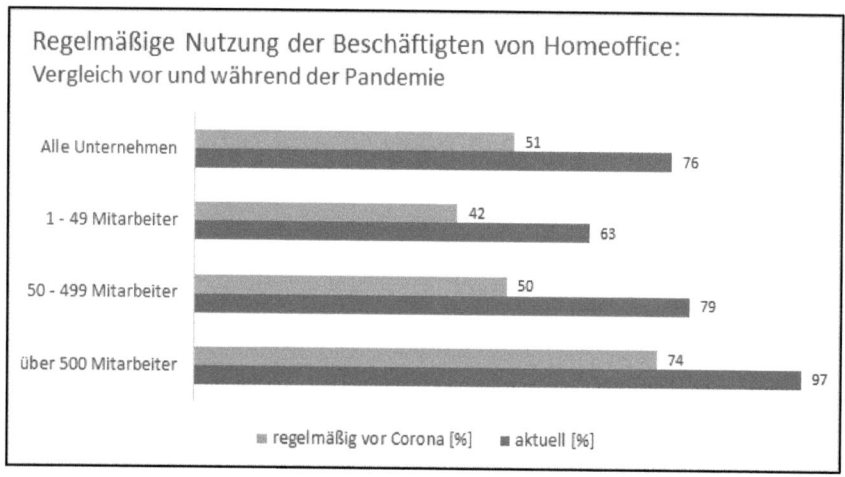

Abbildung 3: Anteil von Unternehmen mit Homeoffice (Demmelhuber et al. 2020)

Mit dem Wissen, dass Mitarbeiter vermehrt aus dem Homeoffice herausarbeiten, muss sich auch die Frage gestellt werden, wie gut die Unternehmen und Mitarbeiter auf diese Situation eingestellt sind. Dabei geht es um die technischen und personellen Möglichkeiten der Unternehmen, einen sicheren Arbeitsplatz im Homeoffice zu gewährleisten. Des Weiteren müssen die persönlichen Fähigkeiten der Homeoffice-Mitarbeiter in Bezug auf die (Kommunikations-)Sicherheit berücksichtigt werden. Demmelhuber et al. 2021[71] haben in ihren Forschungsergebnissen festgehalten, welche Maßnahmen deutsche Unternehmen während der COVID-19-Pandemie getroffen haben und welche zukünftigen Veränderungen diese Krise für die Arbeitswelt mit sich bringt. Die Forschungsergebnisse beruhen unter anderem auf einer Befragung[72] von Entscheidungsträgern der deutschen Wirtschaft aus 1038 Unternehmen. In Abbildung 4 sind die Angaben der Entscheidungsträger abgebildet, in welchen

---

[71] Coronakrise: Krisenmanagement und Zukunftsstrategien von Unternehmen (2021).
[72] Demmelhuber et al. (im Erscheinen).

Bereichen verstärkt nach der COVID-19-Pandemie investiert werden soll.[73]

27 Prozent der Teilnehmer haben angegeben, dass vermehrt in die eigenen Mitarbeiter investiert werden soll. Dies kann durch Schulungen oder ähnliche Angebote erfolgen. Der zweitgrößte Investitionsfaktor ist der Arbeitsplatz im Homeoffice oder im Büro mit 21 Prozent.

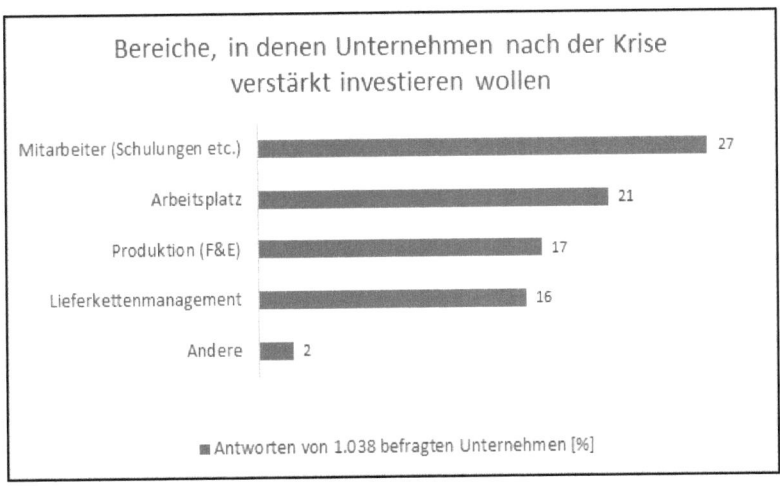

Abbildung 4: Investitionsplanungen nach der Krise (in Anlehnung an Demmelhuber et al. (im Erscheinen))

Unternehmen haben erkannt, dass die Ausstattung der Arbeitsplätze, insbesondere im Homeoffice, Verbesserungspotential hat. Weitere Investitionsbereiche sind die Produktion (17 Prozent), das Lieferkettenmanagement (16 Prozent) und Andere (2 Prozent).[74]

---

[73] Die Teilnehmer wurden lediglich nach *höheren* Investitionen in den jeweiligen Bereichen befragt und nicht nach *gleichbleibenden* oder *abnehmenden* Investitionsvorhaben.
[74] Vgl. Demmelhuber et al. (2021), S. 36.

In Abbildung 4 ist der Punkt „Mitarbeiter (Schulungen etc.)" aus Abbildung 4 noch einmal genauer dargestellt.

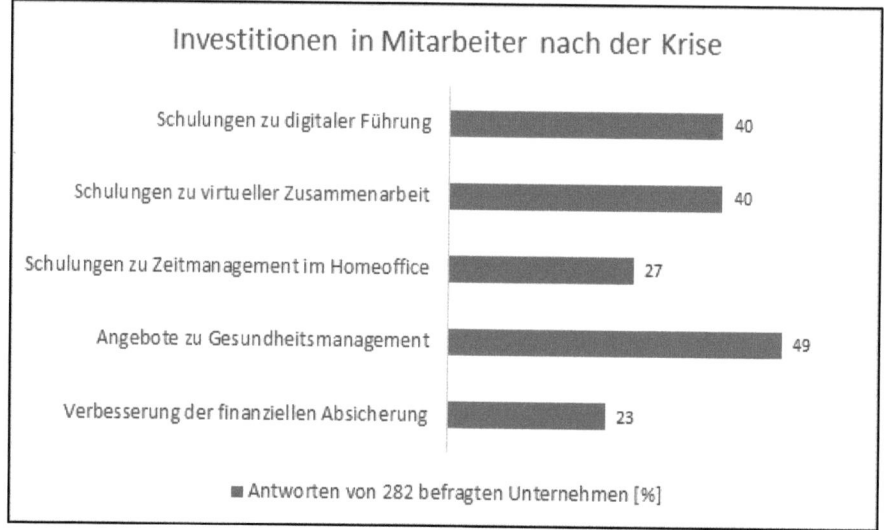

Abbildung 5: Mitarbeiterinvestitionen nach der Krise (in Anlehnung an Demmelhuber et al. (im Erscheinen))

282 Unternehmen haben insgesamt angegeben, dass Investitionen in die Mitarbeiter nach der Krise geplant sind. Insbesondere Angebote für die Gesundheit der Mitarbeiter (49 Prozent) stehen ganz oben in der Liste der Investitionen. Daneben sind Schulungen zu den Themen „digitale Führung" und „virtuelle Zusammenarbeit" (jeweils 40 Prozent) in der Befragung häufig angegeben worden.[75] Der Anreiz in Schulungen zu investieren kann ebenfalls durch die nachfolgenden Informationen in dieser Arbeit zum Thema Sicherheit und Mitarbeiter nachvollzogen werden. Unternehmen möchten damit unter anderem weitere Sicherheitsschwachstellen eliminieren.

---

[75] Vgl. Demmelhuber et al. (2021), S. 36.

Schädliche Handlungen in deutschen Unternehmen und in Verbindung mit Homeoffice

In Abbildung 6 sind schädliche Handlungen aufgelistet, die Unternehmen in den letzten 12 Monaten erfahren oder vermutlich erfahren haben.

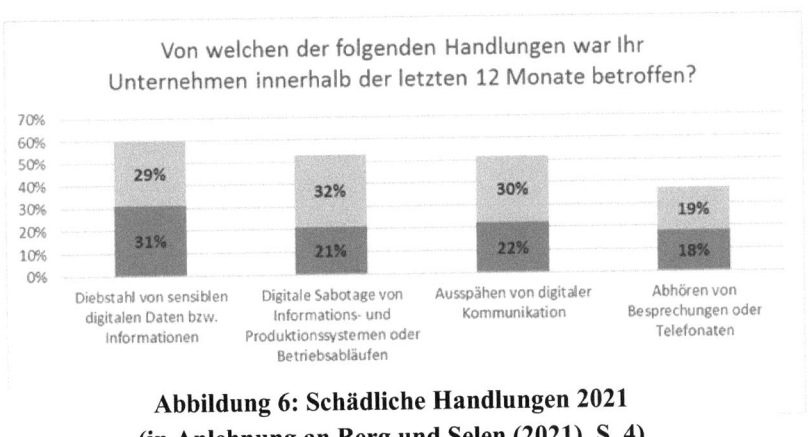

**Abbildung 6: Schädliche Handlungen 2021
(in Anlehnung an Berg und Selen (2021), S. 4)**

Befragt wurden im Jahr 2021 insgesamt 1067 Unternehmen (2019: 1070) in Deutschland ab einer Mitarbeiterzahl von 10 Personen.

Der hier größte abgebildete Aspekt ist der Diebstahl von sensiblen digitalen Daten und Informationen mit 31 Prozent bestätigter Fälle und 29 Prozent wahrscheinlicher Fälle. Gegenüber dem Jahr 2019 ist dies insgesamt eine Steigerung von 19 Prozent (Tabelle 2). In der Studie ist nur der Diebstahl von IT- oder Telekommunikationsgeräten häufiger angegeben worden (insgesamt 62 Prozent). Dieser ist aber mit einer schwächeren Steigerung von 14 Prozent gegenüber dem Jahr 2019 gelistet. Ebenfalls haben 53 Prozent der Befragten angegeben, dass eine digitale Sabotage von Informations- oder Produktionssystemen in den

Unternehmen stattgefunden hat. Das Ausspähen digitaler Kommunikation liegt bei 52 Prozent. Bei beiden Kategorien ist 2021 eine Steigerung von 11 und 9 Prozent im Vergleich zum Jahr 2019 gemessen worden. Das Abhören von Besprechungen und Telefonaten ist um 9 Prozent gestiegen.[76]

Handlungen	Vgl. 2019
Diebstahl von sensiblen digitalen Daten bzw. Informationen	+19 %
Digitale Sabotage von Informations- und Produktionssystemen oder Betriebsabläufen	+11 %
Ausspähen von digitaler Kommunikation	+9 %
Abhören von Besprechungen oder Telefonaten	+9 %

**Tabelle 2: Schädliche Handlungen 2019 und 2021
(in Anlehnung an Berg und Selen (2021), S. 4)**

Insgesamt können seit 2017 Unternehmen jeder Größe eine Zunahme von Diebstahl, Industriespionage und Sabotage verzeichnen. Lediglich zwischen 2017 und 2019 ist in Unternehmen mit mehr als 500 Mitarbeitern der Anteil der Betroffenen und vermutlich Betroffenen um vier Prozent zurückgegangen. Allerdings im Vergleich zum Jahr 2021 wieder um 11 Prozent auf 99 Prozent gestiegen.[77]

In Tabelle 2 ist bereits der Diebstahl von sensiblen digitalen Daten und Informationen aufgelistet. Der Bericht von Berg und Selen (Bitkom e. V.) geht darauf weiter ein, indem untersucht wurde, welche Arten von Daten (Abbildung 7) gestohlen wurden und ob Homeoffice durch die Mitarbeiter zu IT-Sicherheitsvorfällen geführt hat. Von den 1067 befragten Unternehmen haben insgesamt 330 angegeben, dass ihnen sensible

---

[76] Vgl. Berg und Selen (2021), S. 4.
[77] Vgl. Berg und Selen (2021), S. 3.

digitale Daten gestohlen wurden. Die nachfolgenden Prozentangaben beziehen sich auf diese 330 Unternehmen. Mehrfachnennungen waren möglich.

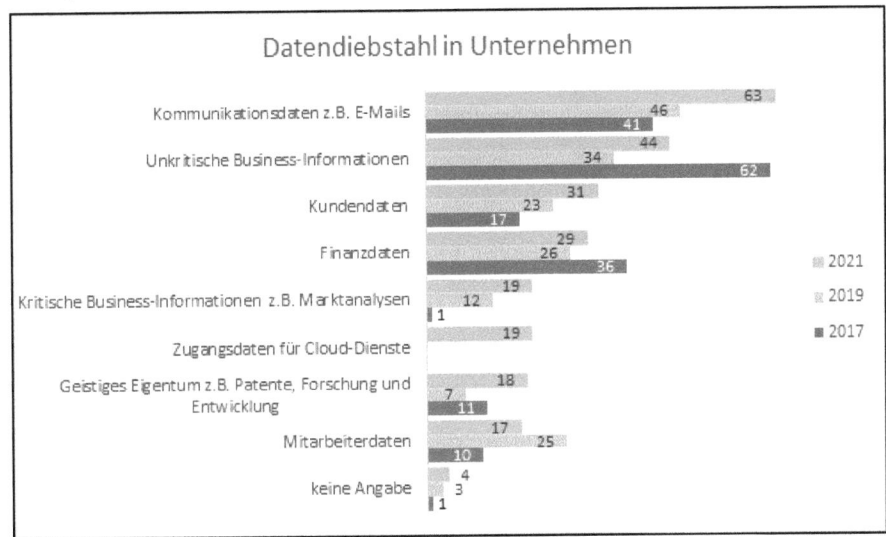

Abbildung 7: Diebstahl sensibler, digitaler Daten in Unternehmen (in Anlehnung an Berg und Selen (2021), S. 7)

Der Diebstahl von Kommunikationsdaten ist im Jahr 2021 mit 63 Prozent am häufigsten genannt worden. Gegenüber den Jahren 2017 und 2019 liegt im Jahr 2021 eine Steigerung von 22 (17) Prozent vor. Bei der Kategorie „Unkritischen Business-Informationen" haben die Unternehmen aus dem Ergebnis von 2017 (62 Prozent) Rückschlüsse gezogen und vermehrt in Schutzmaßnahmen investiert. Im Jahr 2019 haben 34 Prozent der Unternehmen angegeben, von dem Verlust unkritischer Business-Informationen betroffen zu sein. Der aktuelle Wert ist um 10 Prozent gestiegen und liegt im Jahr 2021 bei 44 Prozent. Weitere größere

Kategorien sind der Diebstahl von Kundendaten (31 Prozent) und Finanzdaten (29 Prozent).[78]

In der Studie des Bitkom e.V. wurde ebenfalls untersucht, ob durch die Arbeit im Homeoffice IT-Sicherheitsfälle ausgelöst worden sind. Von 817 Unternehmen, in denen Homeoffice generell möglich ist, haben 59 Prozent der Unternehmen mindestens einen und 39 Prozent keinen IT-Sicherheitsvorfall angegeben. Damit haben 482 Unternehmen mindestens einen IT-Sicherheitsvorfall vorzuweisen. In 52 Prozent der Fälle hat ein IT-Sicherheitsvorfall, ausgelöst durch Homeoffice, einen Schaden verursacht.[79] Dabei sollte eine mögliche Dunkelziffer nicht gemeldeter und entdeckter IT-Sicherheitsvorfälle berücksichtigt werden.

Wie bereits in Abbildung 7 und Tabelle 2 dargestellt, sind Kriminelle sehr daran interessiert, Zugriff auf digitale Daten, Informationssysteme und die Kommunikation von Unternehmen zu erhalten. Laut Studie des Bitkom e. V. können 88 Prozent der befragten Unternehmen einen Angriff innerhalb des Jahres 2020 belegen. Die übrigen 12 Prozent vermuten zumindest, dass sie mit hoher Wahrscheinlichkeit Opfer eines Angriffs geworden sind (Abbildung 8).[80] Das bedeutet, dass jedes Unternehmen mindestens davon ausgeht, betroffen zu sein. Insbesondere die Unternehmenskommunikation durch E-Mails ist für die Angreifer eine Quelle für interne Informationen. Daneben zählen vermeintlich unkritische Business-Informationen, Kunden- und Finanzdaten zu den Zielen der Angreifer.

---

[78] Vgl. Berg und Selen (2021), S. 7.
[79] Vgl. Berg und Selen (2021), S. 8.
[80] Vgl. Berg und Selen (2021), S. 2.

Kommunikationssicherheit im Homeoffice

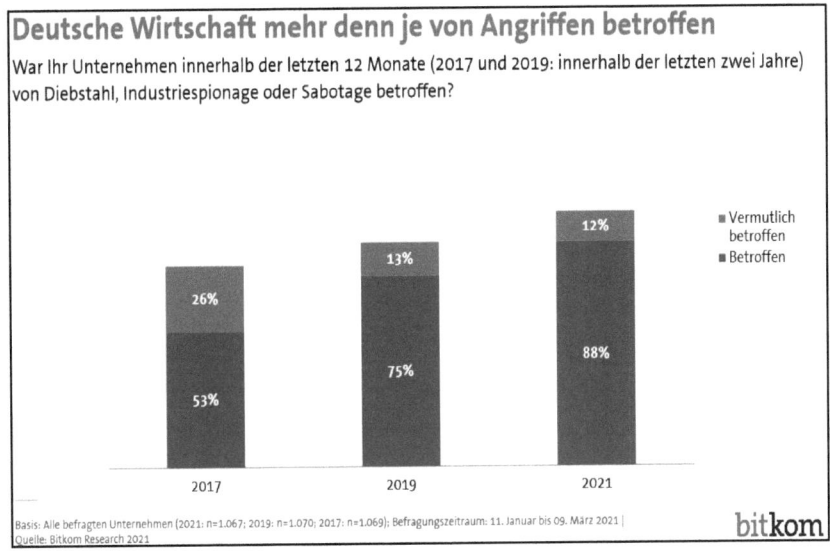

Abbildung 8: Diebstahl, Industriespionage und Sabotage
(Berg und Selen (2021), S. 2)

Unter dem Aspekt, dass Unternehmen gezielt angegriffen und geschädigt werden, muss überprüft werden, wie sich die Unternehmen versuchen zu schützen. In der Studie[81] von PwC aus dem Jahr 2017 sind 400 deutsche mittelständische Unternehmen mit 200 bis 999 Mitarbeitern hinsichtlich ihrer Informationssicherheit befragt worden. Die beiden Größengruppen waren in der Studie ausgeglichen.[82] Ein Aspekt dabei war die Anzahl der hauptberuflichen Informationssicherheitsverantwortlichen (Full Time Equivalents, FTEs) innerhalb der teilnehmenden Unternehmen (Abbildung 9). Kleinere Unternehmen mit bis zu 499 Mitarbeitern können weniger FTEs vorweisen als größere Unternehmen. 70 Prozent der 200 klei-

---

[81] Im Visier der Cybergangster – So gefährdet ist die Informationssicherheit im deutschen Mittelstand (2017).
[82] Vgl. Engemann et al. (2017), S. 25.

neren Unternehmen haben maximal drei FTEs. Bei den größeren Unternehmen haben 54 Prozent mehr als 5 FTEs. [83] Je weniger FTEs verfügbar sind, desto mehr Arbeit fällt für die einzelnen Verantwortlichen an. Insbesondere die steigende Zahl der erfolgreichen Angriffe auf Unternehmen sollte bei der Festlegung, wie viele FTEs innerhalb des Unternehmens eingesetzt werden, Berücksichtigung finden.

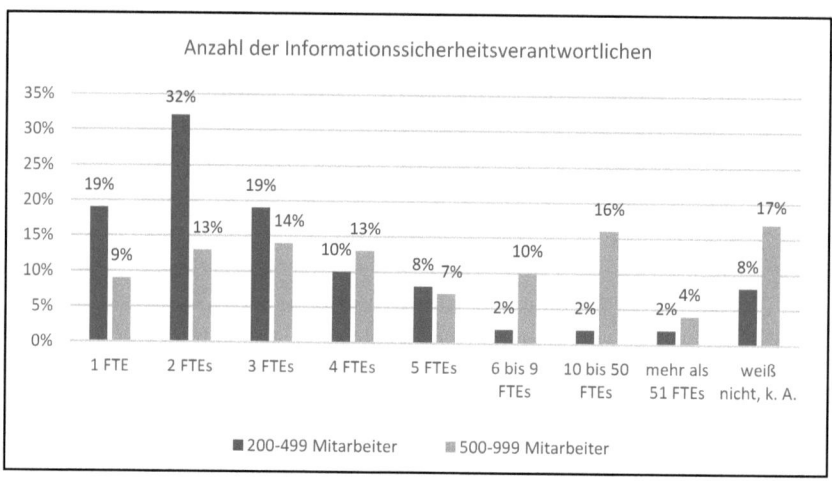

Abbildung 9: Anzahl der FTEs in deutschen Unternehmen (Vgl. Engemann et al. (2017), S. 11)

Insbesondere durch den vermehrten Einsatz von Homeoffice und die damit verbundene Distanz, ist ein erhöhtes Arbeitspensum der Mitarbeiter im IT- und Service-Desk-Bereich wahrzunehmen. Das Homeoffice stellt diese Mitarbeiter, insbesondere, wenn Homeoffice bisher kein Regelfall war, vor große und gefährliche Herausforderungen. Beispielsweise, wenn VPN-Clients und Fernwartungsprogramme selbst konfiguriert und genutzt werden müssen. Fernwartungsprogramme (Remote Desktop Protocol, RDP) erlauben die Steuerung der Desktop-Computer innerhalb

---

[83] Vgl. Engemann et al. (2017), S. 11.

der Büros der Unternehmen. In den vergangenen Jahren sind kritische Schwachstellen innerhalb dieser Programme[84] entdeckt und ausgenutzt worden.[85][86][87] Nach Angaben des BSI werden Citrix-Produkte weltweit in mehr als 80.000 Unternehmen eingesetzt. Die Wahrscheinlichkeit, von einer dieser Schwachstellen betroffen zu sein ist damit sehr hoch. Das BSI hat nach eigenen Angaben mehrere tausend verwundbare Systeme in Deutschland identifiziert, die von den Angreifern umfangreich missbraucht hätten werden können.[88]

Infrastruktur im Homeoffice weltweit mit Fokus auf die Kommunikationssicherheit

In den vorherigen Abschnitten wurden Informationen darüber geteilt, wie sich die Zahl der Homeoffice-Nutzer verändert hat, mit welchen Bedrohungen Unternehmen in der digitalen Welt zu kämpfen haben und welche Unternehmensdaten für Kriminelle interessant sind. Dieser Abschnitt soll die Gegebenheiten der Mitarbeiter im Homeoffice näher betrachten.

In diesem Abschnitt wird auf Berichte von Sicherheitsunternehmen wie Avast und ESET eingegangen. Avast gehört seit August 2021 zu NortonLifeLock Inc., einem der weltweit größten Unternehmen im Bereich Sicherheitssoftware.[89] Avast hat im Jahr 2019 einen weltweiten Smart Home Bericht[90] veröffentlicht, indem die Heimnetzwerke und damit ver-

---

[84] Unter anderem Citrix Software für die Erzeugung eines VPN und das Windows Remote Desktop Protocol zur Fernsteuerung von Desktop-PC innerhalb des Unternehmens.
[85] Vgl. Burkhardt (2019a).
[86] Vgl. Burkhardt (2019b).
[87] Vgl. Serna (2020).
[88] Vgl. BSI (2020), S. 24 f.
[89] Vgl. Tagesschau (2021).
[90] Avast Smart Home Security Report 2019. Über die wissenschaftlichen Standards wurden keine Angaben gemacht.

bundenen Geräte in verschiedenen Ländern untersucht wurden. Grundlage der Auswertung ist die Nutzung der Avast Software, mit welcher die Analysen durchgeführt und die Informationen gespeichert werden konnten. Zudem erfolgte durch Avast eine separate Umfrage unter 19.000 Teilnehmern. Insgesamt 16 Millionen Heimnetzwerke und mehr als 56 Millionen Geräte, die mit diesen Netzwerken verbunden waren, wurden analysiert.[91]

Aus dem Bericht geht hervor, dass eine Vielzahl an Geräten in einem Haushalt mit dem Netzwerk verbunden ist. Im weltweiten Durchschnitt sind in 37,6 Prozent der Fälle 3 bis 4 Geräte mit dem Netzwerk verbunden und bei 34,3 Prozent sind es 5 bis 10 Geräte.[92] Die in Deutschland am meisten genutzten Netzwerkgeräte, mit Ausnahme von Computer, Smartphones und Router sind Drucker, Medienspieler wie DVD-Player und sogenannte Smart-TVs.[93] Nach Informationen des Bitkom e.V. haben 31 Prozent der Befragten in Deutschland ein Smart Home-Gerät.[94] Jedes dieser Geräte kann potenziell eine Gefährdung für das Netzwerk darstellen.[95]

Dieses Ergebnis zeigt auch der Avast-Bericht. Die Geräte, die am häufigsten in deutschen Netzwerken Sicherheitslücken aufweisen sind Netzwerk-Nodes (zum Beispiel ein Switch), Drucker und NAS-Systeme. Nach Angaben von Avast verbinden sich 16,7 Prozent der Netzwerke in Deutschland mindestens mit einem Gerät, welches eine ausnutzbare Sicherheitslücke enthält.[96] Die Ursache dieser Sicherheitslücke ist in 69,2 Prozent der Fälle auf unsichere Anmeldedaten zurückzuführen.[97] Die separate Umfrage durch Avast mit 19.000 Teilnehmern hat ergeben, dass

---

[91] Vgl. Avast (2019), S. 16.
[92] Vgl. Avast (2019), S. 4.
[93] Vgl. Avast (2019), S. 7.
[94] Vgl. Klöß (2019).
[95] Vgl. Informationen (2020), S. 339.
[96] Vgl. Avast (2019), S. 5.
[97] Vgl. Avast (2019), S. 10 ff.

59 Prozent der Befragten sich weder erstmalig auf dem Router angemeldet noch die Firmware auf Aktualisierungen überprüft haben.[98] Zu einem ähnlichen Ergebnis ist das Sicherheitssoftware-Unternehmen ESET Deutschland GmbH nach mindestens 100.000 Netzwerkscans gekommen. Die Anmeldedaten und die Einstellungen für den Router befinden sich in vielen Fällen im unsicheren Auslieferungszustand. Eine genaue Zahl wurde dabei nicht genannt.[99]

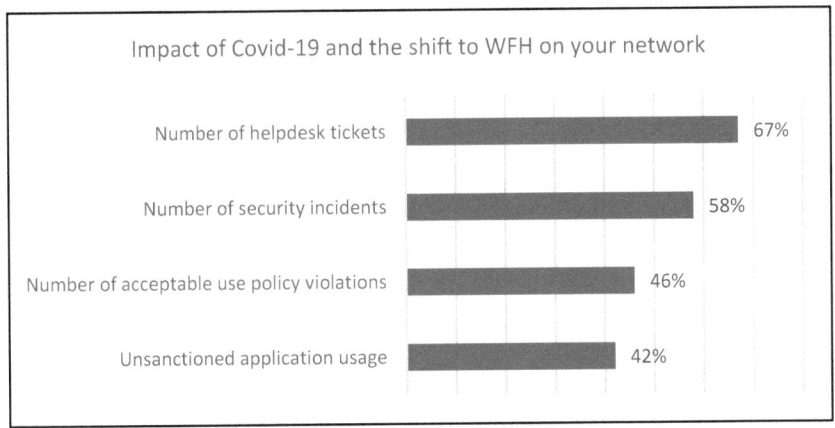

Abbildung 10: Homeoffice und das Unternehmensnetzwerk (Palo Alto Networks (2021), S.9)

Die unsicheren Zustände lassen sich größtenteils auf den IT-Kenntnisstand der Mitarbeiter zurückführen. Ihnen fehlen das Bewusstsein und das Wissen das eigene Netzwerk sicher zu konfigurieren. Die Umfrage[100] des Palo Alto Networks bestätigt diese Aussage aus Sicht von IT-Verantwortlichen. Palo Alto Networks hat dafür insgesamt 3.000 leitende IT-Führungskräfte und IT-Praktiker aus verschiedenen Unternehmen befragt. Die Unternehmen sind ansässig in Amerika, Europa (mit UK) und Asien-Pazifik. Herausforderungen sehen die Teilnehmer vor allem in den

---

[98] Vgl. Avast (2019), S. 10.
[99] Vgl. ESET Deutschland GmbH (2020).
[100] The State of Hybrid Workforce Security 2021.

Bereichen Sicherheit und Aufrechterhaltung der Servicequalität, sowie die technische Komplexität, die mit der Nutzung von Homeoffice verbunden ist. Auswirkungen der Verlagerung in das Homeoffice sind vor allem in dem Bereich Servicedesk zu spüren. Die vier größten Punkte der Umfrageteilnehmer sind in Abbildung 10 dargestellt.

Als Ergebnis dieser Umstände sagt der Großteil der Befragten aus, dass die eigene Unternehmen Schwierigkeiten haben, die Kapazitäten, die für Homeoffice benötigt werden, zur Verfügung zu stellen. Ebenso sehen sie Schwierigkeiten in der Erfüllung der Sicherheitsanforderungen durch die Homeoffice Nutzung.[101]

Erkenntnisse aus der Schwachstellenanalyse

Aus der Beschreibung des Ist-Zustandes können die Schwächen der Kommunikationssicherheit abgeleitet werden. Aufgrund der COVID-19-Pandemie wurden viele Mitarbeiter erstmalig und innerhalb kürzester Zeit in das Homeoffice verlagert. Ein geregelter Übergang hat in vielen Fällen nicht stattgefunden, sodass beispielsweise kein Maßnahmenplan mit den wichtigsten Punkten, die es im Homeoffice zu beachten gilt, an die Mitarbeiter herangetragen wurde. Die Schutzziele der Informationssicherheit können in vielen Fällen nicht gewährleistet werden, da Infrastruktur, Organisation, Sicherheitsbewusstsein und -wissen in den Unternehmen nicht ausreichend vorhanden sind. Mitarbeiter müssen sich Wissen im Homeoffice selbst aneignen oder sich untereinander dazu austauschen. Dazu passt die bereits genannte Information, dass Verantwortliche aus der Managementebene ungeschulte Mitarbeiter und das fehlende Sicherheitsbewusstsein dieser als größte Herausforderung in Bezug auf Cyber-Risiken und Sicherheitslücken ansehen. Diese Aussage wurde vor der COVID-19-Pandemie getroffen. Von einem steigenden Stellenwert während der Pandemie ist auszugehen. Deshalb müssen Unternehmen

---

[101] Vgl. Palo Alto Networks (2021), S. 9 f.

aktiv werden und ihren Mitarbeitern das notwendige Sicherheitswissen und -bewusstsein vermitteln. Dadurch können Sicherheitsvorfälle, Servicedesk Tickets und die unbewusste Verletzung von Richtlinien verringert werden.

Hinzu kommt eine Veränderung der Systemumwelt und der Gegebenheiten im Homeoffice. Mitarbeiter müssen sich über das private Netzwerk mit dem Unternehmensnetzwerk verbinden. Das private Netzwerk steht in der Verantwortung der Arbeitnehmer. In der Mehrheit ist das private Netzwerk einmalig in Betrieb genommen und danach nicht weiter angepasst oder gepflegt worden. Eine Einrichtung durch geschultes Personal, wie es in Unternehmen die Regel ist, erfolgt nicht. Die Berichte (Avast, ESET) haben gezeigt, dass die Router mit unsicheren Werkseinstellungen, vorgegebenen Anmeldedaten und veralteter Software betrieben

Hersteller	Login IP	Benutzername	Kennwort
Belkin	http://192.168.2.1	admin	admin
D-Link	http://192.168.0.1	admin	admin
Netgear	http://192.168.0.1	admin	password
BenQ	http://192.168.1.1	admin	admin

Tabelle 3: Kenndaten verschiedener Hersteller (192.168.1.1 Router Configuration Center)

werden. Viele Einstellungen innerhalb des Netzwerkes, wie beispielsweise die Verschlüsselungs- und Verbindungstechniken (WPS, WPA, Gast-Zugang) ermöglichen Angreifern ein leichtes Eindringen. Die Router-Hersteller geben in den eigenen Anleitungen und Handbüchern die Standardkenndaten der jeweiligen Router-Typen an, damit individuelle Konfigurationen für die Inbetriebnahme im eigenen Zuhause vorgenommen werden können. Im Internet kann aufgrund dessen mit der Gerätebezeichnung nach den genauen Anmeldedaten gesucht werden. In der Kombination mit den nicht konfigurierten Geräten und unveränderter Kenndaten ist dadurch ein einfacher Zugang auf die Router für Kriminelle möglich. Die Benutzereinstellungen können manipuliert werden (Tabelle 3). [102]

Die Anzahl der kriminellen Angriffe auf deutsche Unternehmen steigt weiter. Insbesondere digitale Daten, wie Kommunikations- oder Kundendaten, sind für die Angreifer interessant. Die Studie des Bitkom e.V. hat gezeigt, dass alle befragten Unternehmen nicht ausreichend vor Angriffen geschützt sind. 88 Prozent der Unternehmen haben dies mit einem belegbaren Diebstahl bestätigt. Die COVID-19-Pandemie hat diese Situation noch einmal verschlechtert, indem viele Mitarbeiter aus der meistens besser abgesicherten Unternehmensinfrastruktur in das Homeoffice geschickt werden mussten. Mit einer erfolgreicheren Erfolgsquote der Angreifer ist zu rechnen, da die Sicherheitsbedingungen im Homeoffice unter denen des Unternehmens liegen und auch nicht betriebliche Aktivitäten innerhalb des Netzwerkes durchgeführt werden.

Mit den Netzwerken der privaten Haushalte sind eine Vielzahl an Geräten verbunden. Dazu gehören auch Geräte von Personen aus dem direkten Umfeld des Arbeitnehmers, wie beispielsweise Familienmitglieder. Jedes dieser Geräte kann, wenn es fortlaufend nicht gewartet und sicher eingestellt wird, als Schwachstelle ausgenutzt werden. Unter dem Stichwort Bring-Your-Own-Device (BYOD) ist die Nutzung privater Geräte, wie Computer und Drucker, für die betrieblichen Zwecke gemeint. Dies ist insbesondere gefährlich, da diese Geräte bereits mit dem Netzwerkschlüssel ausgestattet sind und eine aktive Verbindung zum Netzwerk hergestellt haben.

---

[102] Vgl. 192.168.1.1 Router Configuration Center.

Optimierungsmaßnahmen

In diesem Abschnitt wird ein Vorgehen beschrieben, welches die genannten Schwachstellen beseitigen und so die Kommunikationssicherheit im Homeoffice sicherer gestalten soll. Neben technischen Einstellungen werden auch Anweisungen und Maßnahmen vorgeschlagen, die das Unternehmen einführen sollte.

Die Optimierungsmaßnahmen sollten mindestens die folgende Agenda aufweisen:[103]

1. Dokumentation von Maßnahmen und Anweisungen für das Homeoffice
1.1. Sicherheitsrichtlinien und Hinweise
1.2. Allgemeine und Arbeitsbereich spezifische Regelungen und Vorschriften
1.3. Sensibilisierung der Mitarbeiter
1.4. Zutritts- und Zugriffsschutz
1.5. Sicherheitstechnische Anforderungen
2. Einrichten des Heimnetzwerkes für eine sichere Verbindung mit der Unternehmensinfrastruktur
2.1. Heimnetzwerk-Konfiguration
2.2. VPN-Client
2.3. Fernwartungsprogramme (Remote Desktop Client)

Abbildung 11: Agenda für ein sicheres Homeoffice

---

[103] Hier und im Folgenden vgl. Bundesamt für Sicherheit in der Informationstechnik (2021).

1. Dokumentation von Maßnahmen und Anweisungen für das Homeoffice

1.1 Sicherheitsrichtlinien und Hinweise

Erstellung von Informationsblättern und -dokumenten für die Mitarbeiter, welche im Homeoffice arbeiten oder dorthin den Arbeitsplatz verlagern. Diese Dokumente sollten Sicherheitsrichtlinien und Hinweise enthalten, wie das Homeoffice einzurichten ist und welche Regelungen während der Arbeitszeit dort gelten. Zudem sollte auf eine einfache Sprache geachtet werden, damit das Wissen im Bereich Kommunikationssicherheit besser vermittelt werden kann. Die Hinweise sollten die wichtigsten Bereiche in Bezug auf die Homeoffice-Nutzung abdecken. Darunter können bekannte Gefahren, wie beispielsweise Phishing, aber auch sicherheitsrelevante Aspekte, wie die Aktivierung eines VPN-Clients während der Arbeitszeit erläutert werden. Dafür sollte eine betriebliche Stelle (bspw. Servicedesk) benannt werden, an die sich Mitarbeiter für Supportanfragen wenden, oder IT-Sicherheitsvorfälle melden können.

1.2 Allgemeine und Arbeitsbereich spezifische Regelungen und Vorschriften

Eine Aufstellung allgemeiner Regeln durch die Organisation, welche für alle Mitarbeiter im Homeoffice gleichermaßen gelten und berücksichtigt werden müssen. Dazu kann die Regel gehören, dass für das Homeoffice die Firmeninfrastruktur (inkl. Hardware und Software) ausschließlich für den betrieblichen Gebrauch genutzt wird. Private Handlungen, wie beispielsweise das Abrufen privater Emails sollte durch Content Filter eingeschränkt werden. Ebenso sollte eine unternehmensweite Vorschrift erarbeitet werden, inwiefern private Geräte (BYOD) im Arbeitsalltag verwendet werden dürfen.

Arbeitsbereich spezifische Regelungen müssen definiert werden, da nicht alle Mitarbeiter die gleichen Zugriffsberechtigungen besitzen und die Sensibilität der abrufbaren Informationen stark variiert. Dies gilt insbesondere für Mitarbeiter aus den Bereichen Personal, Controlling sowie Forschung und Entwicklung.

1.3 Sensibilisierung der Mitarbeiter

Die Studien haben aufgezeigt, dass Mitarbeitern das IT-Sicherheitsbewusstsein fehlt und die unternehmenseigenen Sicherheitsmaßnahmen oft unbekannt sind. Die geplanten Investitionen in Schulungen können dabei helfen, IT-Sicherheitsvorfälle zu vermeiden. Zum aktuellen Zeitpunkt müssen aber ebenfalls Lösungen zur Sensibilisierung gefunden werden, da sich die Mitarbeiter bereits im Homeoffice befinden. Insbesondere die Aufklärung über die optimale Nutzung der unternehmenseigenen Infrastruktur sollte dabei vermittelt werden.

1.4. Zutritts- und Zugriffsschutz

Der Arbeitsbereich im Homeoffice sollte in einem abschließbaren Raum liegen und eine Clean Desk Policy eingeführt werden. Ebenso wie unter dem Punkt *Allgemeine und Arbeitsbereich spezifische Regelungen und Vorschriften*, sollte ein Berechtigungsmanagement eingeführt werden.

1.5 Sicherheitstechnische Anforderungen an die IT-Systeme

Berechtigungen und Zugriffsmöglichkeiten für Mitarbeiter, die sich außerhalb der physischen Unternehmensinfrastruktur befinden, müssen auf ein Mindestmaß reduziert werden. Dies gilt insbesondere für kritische

Unternehmensbereiche. Die Firewall und das Unified End Point Management[104]-System müssen die erhöhte Homeoffice-Nutzung vorbereitet werden. Private Geräte, die für eine gewisse Zeit alternativlos sind, sollten in die Schutzmaßnahmen integriert und durch die IT-Abteilung überprüft werden.

2. Einrichten des Heimnetzwerkes für eine sichere Verbindung mit der Unternehmensinfrastruktur

2.1 Heimnetzwerk-Konfiguration

Die Kommunikationssicherheit im Homeoffice kann nur gewährleistet werden, wenn das private Netzwerk richtig konfiguriert und genutzt wird. In der nachfolgenden Tabelle 4 sollen Maßnahmen aufgezeigt werden, durch die das Heimnetzwerk sicherer gemacht werden kann. Einzelne Schritte zeigen Beispiele aus den Einstellungen eines AVM FRITZ!Box 7272 Routers.

Punkt	Information
Voreingestellte Zugangsdaten ändern	Viele Hersteller verwenden Kenndaten, die frei im Internet einsehbar und für mehrere Modellreihen gültig sind (s. Tabelle 3)
WPA3 (oder WPA2) auswählen, WEP nicht verwenden	Erhöht den Zugriffsschutz, da die WEP und WPA als veraltet und unsicher gelten (s. Kapitel WLAN-Sicherheit)
WPS deaktivieren	Erhöht den Zugriffsschutz, da für jede neue Verbindung mit dem Netzwerk

---

[104] Unified Endpoint Management dient der Geräteverwaltung in Unternehmen. Klassische Aufgabenbereiche sind das Softwaremanagement (Verteilung, Aktualisierung und Lizenzmanagement) und der Remote-Zugriff.

Kommunikationssicherheit im Homeoffice

Punkt	Information
	ein Netzwerkschlüssel verwendet werden sollte. (s. Kapitel 0 WLAN-Sicherheit)
Fernzugriff deaktivieren	Zugriff nur über das lokale Netzwerk (nicht über das Internet) erlauben, damit eine Manipulation von außen schwieriger wird
Gastzugang (privater Hotspot) deaktivieren	Zahl der Geräte mit vorhandenem Netzwerkschlüssel gering halten
Unter dem Punkt Heimnetz > Heimnetzübersicht > Netzwerkeinstellungen > Heimnetzfreigabe: Checkbox „Zugriff für Anwendungen zulassen" entfernen	Verbieten den Zugriff und die Konfigurationsmöglichkeit des Heimnetzwerkes durch externe Geräte und deren Anwendungen
Optional: Checkbox bei dem Punkt „Statusinformationen über UPnP[105]" entfernen	Ggf. unterschiedliche Profile für den Router anlegen (Berechtigungsmanagement)
Sicherung von den Einstellungen anlegen	
Sicheren WLAN-Netzwerkschlüssel mit Sonderzeichen auswählen	(s. Kapitel 0 WLAN-Sicherheit)
Firmware des Routers regelmäßig oder automatisch nach Updates suchen lassen	Patches für Schwachstellen

---

[105] Universal Plug & Play ermöglicht die automatische Portfreigabe für Anwendungen und Geräte.

Punkt	Information
Liste „*Bekannte WLAN-Geräte*" anzeigen lassen und regelmäßig auf ungewöhnliche Aktivitäten hin untersuchen	
Rückschlüsse auf die eigene Identität oder Geräteeigenschaften (Bezeichnung, Modell) in der Netzwerkbezeichnung vermeiden	Bsp.: „Max Mustermanns FRITZ!Box 7272"
Wechsel von IP-Adressen und DHCP deaktivieren	Einbindung von nicht konfigurierten Geräten in das Netzwerk erschweren
MAC-Filter aktivieren	MAC-Whitelist der vertrauten Geräte

Tabelle 4: Mögliche Maßnahmen im privaten Netzwerk (in Anlehnung an A-SIT[106][107])

2.2 VPN-Konfiguration

Eine Unternehmensweite Nutzung eines VPN-Clients, um den Zugang auf das Unternehmensnetzwerk außerhalb der physischen Standorte zu ermöglichen (s. Kapitel Virtual Private Network (VPN)). Dies sollte generell innerhalb der Organisation und unabhängig davon geschehen, ob vor Ort oder im Homeoffice gearbeitet wird, um das öffentliche Internet zu umgehen. Die Installation des VPN-Clients sollte durch die IT-Abteilung oder mit Hilfe einer Anleitung in einfacher Sprache durchgeführt und überprüft werden. Außerdem eine automatische Prüfung der Software auf Updates und Patches. Verbindungen zu nicht vertrauenswürdigen Servern sollten blockiert werden. Allgemein sollte die Verbindung der Endgeräte mit einem Netzwerk nur über verschlüsselte Protokolle

---

[106] Vgl. A-SIT (25.03.2020a).
[107] Vgl. A-SIT (25.03.2020b).

(wie bspw. OpenVPN oder L2TP/IPSec) aufgebaut werden. Maßnahmen müssen entsprechend mit der IT-Abteilung abgesprochen werden.

2.3 Fernwartungsprogramme (Remote Desktop Client)

Einrichtung von Fernwartungsprogrammen durch die IT-Abteilung, um auf die fest vorhandenen Desktop-Clients der Mitarbeiter zugreifen zu können. Die Nutzung der Desktop-Clients erleichtert den Informationssicherheitsverantwortlichen die Wartung und Kontrolle.

Zusammenfassung und Ausblick

Ziel dieser wissenschaftlichen Forschungsarbeit war es, den Stand der Kommunikationssicherheit in Unternehmen in Verbindung mit dem Homeoffice zu analysieren, zu bewerten und Potentiale zur Verbesserung der Heimnetzwerksicherheit aufzudecken. Zusätzlich wurden ausgewählte Begriffe aus den Bereichen Kommunikations- und Informationssicherheit erläutert, um die technischen und organisatorischen Maßnahmen leichter nachzuvollziehen.

Kern der Untersuchung waren die Herausforderungen der Unternehmen und Mitarbeiter in Bezug auf das Homeoffice sowie die Sicherheitslage in den privaten Heimnetzwerken. Aus der Untersuchung folgte eine Darlegung einzelner Schwachpunkte. Dabei hat sich der Faktor Mitarbeiter als Hauptschwachpunkt hervorgehoben, vor allem da das Sicherheitsbewusstsein und das Wissen über Sicherheitsmaßnahmen des Unternehmens oftmals fehlen. Die vorhandene Infrastruktur im Homeoffice erfüllt nicht die Sicherheitsanforderungen, die ein Unternehmen gewährleisten sollte. Zu beachten ist die Tatsache, dass es schon vor der COVID-19-Pandemie schwerwiegende Sicherheitsvorfälle gegeben hat.

Ein erstes Konzept für einen Optimierungsprozess wurde auf Basis der erkannten Defizite entwickelt. Dieser soll einen Anstieg der Kommunikationssicherheit im Homeoffice bewirken. Während der Analyse der

Schwachpunkte und der Aufstellung der Maßnahmen, hat sich herausgestellt, dass sich viele Defizite durch eine richtige Konfiguration und Wissensvermittlung effektiv vermeiden und beseitigen lassen. Hierzu ist ein passendes Konzept zur Einbindung der Homeoffice-Mitarbeiter in die Sicherheitsmaßnahmen von essenzieller Bedeutung. Ein erster Ansatz von Optimierungsmaßnahmen für Unternehmen und Mitarbeiter wurde erarbeitet.

In weiterführenden Arbeiten könnten diese Optimierungsmaßnahmen näher betrachtet, auf die eigene Situation angepasst und in Prozesse verwandelt werden.

Verwendete Literatur

192.168.1.1 Router Configuration Center: Default Router Username and Password List; URL: https://192-168-1-1ip.mobi/default-router-passwords-list/ [Stand: 19.08.2021].

A-SIT (25.03.2020a): Basisschutz für private WLAN-Netzwerke; URL: https://www.onlinesicherheit.gv.at/Services/Technologie-Trends/Privates-WLAN-schuetzen/Basisschutz-f%C3%BCr-private-WLAN-Netzwerke.html [Stand: 20.08.2021].

A-SIT (25.03.2020b): Erweiterter Schutz für private WLAN-Netzwerke; URL: https://www.onlinesicherheit.gv.at/Services/Technologie-Trends/Privates-WLAN-schuetzen/Erweiterter-Schutz-f%C3%BCr-private-WLAN-Netzwerke.html [Stand: 20.08.2021].

Avast (2019): Avast Smart Home – Security Report 2019; https://press.avast.com/hubfs/media-materials/kits/smart-home-report-2019/Report/Avast%20Smart%20Home%20Report_EN.pdf?hsLang=en.

Berg, Achim; Selen, Sinan (2021): Wirtschaftsschutz 2021; https://www.bitkom.org/sites/default/files/2021-08/bitkom-slides-wirtschaftsschutz-cybercrime-05-08-2021.pdf.

Borisov, Nikita; Goldberg, Ian; Wagner, David (2001): Intercepting Mobile Communications – The Insecurity of 802.11; in: Proceedings of the Seventh Annual International Conference on Mobile Computing And Networking (2001).

BSI (2020): Die Lage der IT-Sicherheit in Deutschland 2020; URL: https://www.bsi.bund.de/SharedDocs/Downloads/DE/BSI/Publikationen/Lageberichte/Lagebericht2020.pdf;jsessionid=D1C69CBD9EA90080C85D7C6A5AEED76F.internet461?__blob=publicationFile&v=1 [Stand: 08.08.2021].

Bundesamt für Sicherheit in der Informationstechnik (2021): Tipps für sicheres mobiles Arbeiten; URL: https://www.bsi.bund.de/SharedDocs/Downloads/DE/BSI/Cyber-Sicherheit/Themen/empfehlung_home_office.pdf;jsessionid=9039CA56CEAD84EA673C8646AC6697AD.internet472?__blob=publicationFile&v=4 [Stand: 25.08.2021].

Burkhardt, Andrew (2019a): Sicherheitsanfälligkeit in Remotedesktopdienste bezüglich Remotecodeausführung; URL: https://msrc.microsoft.com/update-guide/vulnerability/CVE-2019-1181 [Stand: 08.08.2021].

Burkhardt, Andrew (2019b): Sicherheitsanfälligkeit in Remotedesktopdienste bezüglich Remotecodeausführung; URL: https://msrc.microsoft.com/update-guide/en-US/vulnerability/CVE-2019-1182.

Cimpanu, Catalin (2019): New Dragonblood vulnerabilities found in WiFi WPA3 standard; URL: https://www.zdnet.com/article/new-dragonblood-vulnerabilities-found-in-wifi-wpa3-standard/ [Stand: 25.08.2021].

Cimpanu, Catalin (2019): Cyber Security im Mittelstand – Chancen und Risiken für Unternehmen; https://www2.deloitte.com/content/dam/Deloitte/de/Documents/Mittelstand/DP_Erfolgsfaktorenstudie_Cyber_Security_im_Mittelstand.pdf.

Demmelhuber, Katrin et al. (im Erscheinen): Die Arbeitswelt vor und nach Corona – Ergebnisse einer Befragung unter Entscheidungsträgern der deutschen Wirtschaft; in: ifo Forschungsbericht (im Erscheinen).

Demmelhuber, Katrin et al. (2021): Coronakrise: Krisenmanagement und Zukunftsstrategien von Unternehmen; in: ifo Forschungsbericht; 74 (2021).

Demmelhuber, Katrin et al. (2020): Homeoffice vor und nach Corona: Auswirkungen und Geschlechterbetroffenheit; in: ifo Forschungsbericht (2020); 14.

Domnick, André (2019): 13 Virtual Private Networks; in: Secorvo Security Consulting (Hrsg.): Informationssicherheit und Datenschutz – Handbuch für Praktiker und Begleitbuch zum T.I.S.P.; 3., aktualisierte und erweiterte Auflage; Heidelberg: dpunkt.verlag; S. 327–349.

Eckert, Claudia (2014): IT-Sicherheit – Konzepte - Verfahren - Protokolle; 9. Auflage; München: De Gruyter Oldenbourg.

Engemann, Philipp; Fischer, Derk; Gosdzik, Björn; Koller, Tobias; Moore, Nial (2017): Im Visier der Cyber-Gangster; URL: https://www.pwc.de/de/mittelstand/assets/it-sicherheit-im-mittelstand-neu.pdf [Stand: 05.08.2021].

ESET Deutschland GmbH (2020): ESET nennt die Top 10 der unsicheren Router-Passwörter; URL: https://www.eset.com/de/about/presse/pressemitteilungen/pressemitteilungen/eset-nennt-die-top-10-der-unsicheren-router-passwoerter/ [Stand: 19.08.2021].

Hanschke, Inge (2019): Informationssicherheit & Datenschutz – einfach & effektiv – Integriertes Managementinstrumentarium systematisch aufbauen und verankern; München: Hanser Carl.

Hanschke, Inge (2020): Informationen – Unsichere Router; in: Information - Wissenschaft & Praxis; 71 (2020); 5-6; S. 339–340.

Klöß, Sebastian (2019): 3 von 10 Deutschen haben ein smartes Zuhause; URL: https://www.bitkom.org/Presse/Presseinformation/3-von-10-Deutschen-haben-ein-smartes-Zuhause [Stand: 20.08.2021].

Knobloch, Hans-Joachim (2019): 14 Sicherheit in mobilen Netzen; in: Secorvo Security Consulting (Hrsg.): Informationssicherheit und Datenschutz – Handbuch für Praktiker und Begleitbuch zum T.I.S.P.; 3., aktualisierte und erweiterte Auflage; Heidelberg: dpunkt.verlag; S. 351–391.

Palo Alto Networks (2021): The State of Hybrid Workforce Security 2021; URL: https://www.paloaltonetworks.com/resources/research/the-state-of-hybrid-workforce-security-2021-report [Stand: 03.09.2021].

Presse- und Informationsamt der Bundesregierung (2021): Homeoffice-Regelung verlängert; URL: https://www.bundesregierung.de/breg-de/themen/coronavirus/verordnung-zu-homeoffice-1841120 [Stand: 01.09.2021].

Rost, Martin; Weichelt, René (2020): Das Standard-Datenschutzmodell – Eine Methode zur Datenschutzberatung und -prüfung auf der Basis einheitlicher Gewährleistungsziele (2020). Konferenz der unabhängigen Datenschutzaufsichtsbehörden des Bundes und der Länder (Datenschutzkonferenz).

Schäfers, Tim Philipp; Walde, Rico (2018): WLAN Hacking – Schwachstellen aufspüren, Angriffsmethoden kennen und das eigene Funknetz vor Hackern schützen; Haar: Franzis Verlag.

Schwenk, Jörg (2020): Sicherheit und Kryptographie im Internet; Wiesbaden: Springer Fachmedien Wiesbaden.

Serna, Fermin J. (2020): Vulnerability Update: First permanent fixes available, timeline accelerated; URL: https://www.citrix.com/blogs/2020/01/19/vulnerability-update-first-permanent-fixes-available-timeline-accelerated/ [Stand: 08.08.2021].

Tagesschau (2021): Norton kauft Rivalen für über acht Milliarden Dollar; URL: https://www.tagesschau.de/wirtschaft/unternehmen/norton-avast-uebernahme-101.html [Stand: 19.08.2021].

Vanhoef, Mathy; Ronen, Eyal (2019): DRAGONBLOOD; URL: https://wpa3.mathyvanhoef.com/ [Stand: 25.08.2021].

Wi-Fi Alliance (2019): Wi-Fi Alliance security update; URL: https://www.wi-fi.org/news-events/newsroom/wi-fi-alliance-security-update-april-2019 [Stand: 25.08.2021]

IT-Verhaltenssicherheit und die Auswirkungen von COVID-19

Autor: Marco Penner

Einleitung und Kurzfassung

Die Frage nach der IT-Verhaltenssicherheit ist keine Neue. Neben anderen Bereichen der IT-Sicherheit hat die Verhaltenssicherheit immer ihre Relevanz. Der Grund dafür ist, dass das menschliche Verhalten nicht vollkommen frei von Fehlern sein kann und somit immer ein Risikofaktor bleibt.

Doch durch die COVID-19-Pandemie ist es auf technischer und sozialer Ebene zu neuen Herausforderungen gekommen, die die IT-Verhaltenssicherheit gefährden. Auf technischer Seite gibt es eine größere Angriffsfläche durch Vermischung von privater und geschäftlicher IT-Infrastruktur. Diese Entwicklung fängt an mit der Umstellung von einem Großteil der Unternehmen zum „Homeoffice". (Während des ersten Lockdowns im April 2020 waren es 27 % der Beschäftigten in Deutschland, die von Zuhause arbeiteten.[108]) Die Umstellung zum „Homeoffice" heißt nicht nur, dass die IT wichtiger geworden ist. In manchen Branchen ist die IT zu einem Hauptbestandteil geworden, wo sie vorher nur ein unterstützendes Mittel war. Ein Beispiel dafür ist der Bildungssektor. Vorwiegend junge Menschen mussten sich hier an das Arbeiten auf digitalen Wegen

---

[108] Vgl.: Anteil der im Homeoffice arbeitenden Beschäftigten in Deutschland vor und während der Corona-Pandemie 2020 und 2021; Unter: https://de.statista.com/statistik/daten/studie/1204173/umfrage-befragung-zur-homeoffice-nutzung-in-der-corona-pandemie/ [10.08.2021]

gewöhnen[109]. Auf der einen Seite ist die IT hier die Lösung eines Problems. Auf der anderen Seite bringt die IT aber das Problem der IT-Sicherheit mit sich.

Auf sozialer Ebene versuchten die Hacker die Ängste auszunutzen, die durch die Pandemie aufgekommen sind. Wichtig ist aber zu wissen, dass Hacker nicht plötzlich neue Möglichkeiten zur Verfügung haben, wodurch neue Arten von Attacken entwickelt werden konnten. Stattdessen werden die Möglichkeiten, die schon vorher existierten, im Kontext von Corona genutzt. Ein Vorteil für die Hacker ist dabei die Selbstverantwortlichkeit der Beschäftigten, durch das Arbeiten von Zuhause.

In dieser Arbeit sollen Statistiken und Beispiele zu den neuen technischen und sozialen Herausforderungen im Bereich der IT-Verhaltenssicherheit aufgezeigt werden. Mit Hilfe dieser Statistiken und Beispiele sollen die vorher genannten Thesen untermauert werden. Außerdem soll im letzten Teil ein kritischer Blick auf mögliche Sicherheitsmaßnahmen geworfen werden.

Begriffsdefinition

Bevor Statistiken und Beispiel zu Fällen der IT-Verhaltenssicherheit gezeigt werden, sollen einige Begriffe definiert werden. Damit soll der Themenbereich der IT-Verhaltenssicherheit abgesteckt werden.

Social Engineering

Social Engineering ist kein Begriff, der nur in der IT auftritt. Allgemein geht es beim Social Engineering, um Informationsbeschaffung oder den Eingriff in ein System durch zwischenmenschliche Beeinflussung. Diese

---

[109] Vgl.: Digitales Lernen nimmt stark zu; 08.12.2020; Unter: https://www.destatis.de/DE/Presse/Pressemitteilungen/2020/12/PD20_N081_63.html [10.08.2021]

Beeinflussung kann auf verschiedenen Wegen funktionieren aber in dieser Arbeit soll die zwischenmenschliche Beeinflussung mit den Mitteln der IT Gegenstand sein. Social Engineering ist in der IT ein Oberbegriff für verschiedene Attacken, bei denen das menschliche Versagen der Risikofaktor ist. Es wird nicht versucht, auf technische Weise an Informationen zu gelangen oder Eingriff in ein System zu erlangen. Stattdessen versucht der Hacker bei einem Menschen Fehlverhalten hervorzurufen oder bestehendes Fehlverhalten auszunutzen.[110]

Beim Social Engineering gibt es einen Unterschied zwischen dem gezielten Social Engineering und dem kollektiven Social Engineering. Bei dem gezielten Social Engineering wird erst einmal ein bestimmtes Opfer oder eine kleine Gruppe identifiziert und die Schwachstellen und nötige Informationen für die Attacke werden recherchiert. Danach kann eine Attacke mit den vorher herausgefundenen Möglichkeiten ausgeführt werden.[111] Ein Beispiel dafür kann der sogenannte „CEO-Fraud" sein. Dabei gibt sich der Hacker als CEO des Unternehmens des Opfers aus und verlangt bspw. Zahlungen oder andere Informationen.[112] Wenn für den „CEO-Fraud" vorher Informationen über das Opfer recherchiert wurden, handelt es sich hierbei um eine gezielte Social Engineering Attacke.

Bei dem kollektiven Social Engineering muss keine Recherchearbeit im Voraus passieren. Stattdessen wird eine Attacke an möglichst viele Opfer weitergeleitet. Ein Beispiel dafür ist ein Internet-Link, der verspricht, dass das Opfer eine bestimmte, hohe Geldsumme erhalten wird, wenn

---

110 Vgl.: Social Engineering; Unter: https://www.imperva.com/learn/application-security/social-engineering-attack/ [10.08.2021]
111 Vgl.: Social Engineering; Unter: https://www.imperva.com/learn/application-security/social-engineering-attack/ [10.08.2021]
112 Vgl.: Schützen Sie sich und Ihr Unternehmen vor „CEO-Fraud" und weiteren Betrugsarten; Unter: https://www.hypovereinsbank.de/hvb/services/sicherheit/betrugspraevention/ceo-fraud [10.08.2021]

der Link angeklickt wird. Bei einer derartigen Attacke müssen nicht vorher Opfer gezielt ausgewählt werden. Stattdessen wird die Attacke an so viele Menschen wie möglich in der Hoffnung weitergeleitet, dass es einige gibt, die den Link anklicken. Im späteren Verlauf soll darauf eingegangen werden, wie besonders die kollektiven Social Engineering Attacken im Kontext der COVID-19-Pandemie verbreitet wurden.

Malware

In vielen Fällen wird mit Social Engineering Attacken Malware verbreitet. Bei Malware handelt es sich um einen Oberbegriff für Software, die Störungen und Schäden auf einem System verursachen oder auch Informationen stehlen kann.[113]

IT-Verhaltenssicherheit

Bei der IT-Verhaltenssicherheit geht es um die Frage, wie man sich vor Social Engineering Attacken schützen kann. Wichtig ist dafür, dass potenzielle Opfer eine Vorstellung davon bekommen, wie Social Engineering funktionieren kann. Dadurch soll ein höheres Verantwortungsbewusstsein hervorgerufen werden, wodurch Verhaltenssicherheit gewährleistet wird.

In dem letzten Teil dieser Arbeit soll insbesondere auf die Frage der konkreten Schutzmaßnahmen eingegangen werden. Diese Maßnahmen dienen vorwiegend dazu, dem potenziellen Opfer ein Bewusstsein für die Möglichkeiten des Social Engineering zu geben.

---

[113] Vgl.: Was ist Malware?; Unter: https://it-service.network/it-lexikon/malware [24.02.2022]

Social Engineering Attacken

Im folgenden Abschnitt sollen einige spezifische Social Engineering Attacken vorgestellt werden, um einen klareren Einblick in die Vorgehensweise der Hacker zu gewähren.

Phishing

Bei Phishing soll der Kommunikationspartner durch gefälschte E-Mails und/oder Websites zum Preisgeben von Informationen oder zu der Installation von Malware gebracht werden. Somit wird besonders die Gutgläubigkeit des Opfers beim Phishing ausgenutzt.[114]

Um Beispiele für das Phishing zu beschreiben, sollen im folgenden Absatz zwei spezifische Arten beschrieben werden. Bei dem „Credential Phishing" geht es um die Beschaffung von Login-Informationen. Diese planen Hacker in ihren Besitz zu bringen, indem sie gefälschte Login-Webseiten programmieren. Wenn ein Opfer auf diesen gefälschten Seiten seine Login-Informationen preisgibt, werden diese an den Hacker weitergeleitet. Ein Beispiel dafür ist eine gefälschte Website, die in ihrer Aufmachung der Login-Seite von Office 365 gleicht. Auf der Seite wird das Opfer aufgefordert, sein Office 365 Passwort anzugeben, da es abläuft und geändert werden muss.[115]

Eine andere Methode des Phishings ist ein „Business Email Compromise". Hierbei gibt sich der Hacker in einer E-Mail als Unternehmens-Mitarbeiter oder CEO aus, um Zahlungen zu erhalten. Es handelt sich also um eine Art des „CEO-Frauds", der mit Hilfe von E-Mails durchgeführt wird.

---

[114] Vgl.: Phishing E-Mails – Passwortdiebstahl durch Phishing; Unter: https://www.bsi.bund.de/DE/Themen/Verbraucherinnen-und-Verbraucher/Cyber-Sicherheitslage/Methoden-der-Cyber-Kriminalitaet/Spam-Phishing-Co/Passwortdiebstahl-durch-Phishing/passwortdiebstahl-durch-phishing_node.html [24.02.2022]

[115] Vgl.: Punkari, Toni: Office 365 Credential Phishing: The lazy attacks blind us from the exceptional ones; Unter: https://www.hoxhunt.com/blog/office-365-credential-phishing/ [10.08.2021]

Auch beim Phishing gibt es die Unterscheidung zwischen dem gezielten und dem kollektiven Phishing. Das gezielte Phishing wird „Spear-Phishing" genannt.[116] (Englisch für „Speer-Fischen")

Scareware & Baiting

Scareware wird durch die soziale Taktik definiert, mit der Hacker vorgehen. Bei einer Scareware-Attacke wird versucht, das Opfer einzuschüchtern. Durch die Einschüchterung soll das Opfer zum Preisgeben von Informationen oder zum Herunterladen von Malware gebracht werden. Dies wird beispielsweise erreicht, indem dem Opfer vermittelt wird, dass es eine Sicherheitslücke in seinem System gibt.[117]

Das Baiting ist wie die Scareware eine Social Engineering Attacke, die auf einer sozialen Taktik beruht. Jedoch funktioniert Baiting auf sozialer Ebene gegensätzlich zur Scareware. Während Scareware die Angst des Opfers ausnutzt, soll beim Baiting dem Opfer etwas fälschlicherweise versprochen werden.[118] Ein Beispiel ist ein kostenloser, aber schädlicher USB-Stick, der dem Opfer erst einmal einen Nutzen verspricht, dann jedoch Malware installiert.

Scareware und Baiting sind soziale Taktiken, die auch während der COVID-19-Pandemie weiter genutzt wurden. In den weiteren Abschnitten soll näher beschrieben werden, wie das geschehen konnte.

---

[116] Vgl.: Social Engineering; Unter: https://www.imperva.com/learn/application-security/social-engineering-attack/ [10.08.2021]

[117] Vgl.: Social Engineering; Unter: https://www.imperva.com/learn/application-security/social-engineering-attack/ [10.08.2021]

[118] Vgl.: Social Engineering; Unter: https://www.imperva.com/learn/application-security/social-engineering-attack/ [10.08.2021]

Risiken durch COVID-19

In den vorangegangenen Abschnitten wurde bereits beschrieben, wie Hacker-Angriffe mit den Mitteln des Social Engineering funktionieren können. In dem folgenden Abschnitt soll darauf eingegangen werden, welche neuen Risiken auf technischer und sozialer Seite aufgekommen sind. Außerdem soll erklärt werden, wie diese Risiken die Taktiken der Hacker beeinflusst und verändert haben. Im Falle von Social Engineering wird von Angreifern versucht ein soziales Risiko auszunutzen. Wenn zudem auch ein technisches Risiko besteht, wird der Angriff zusätzlich erleichtert. Somit versuchen Angreifer Ziele zu finden bei denen soziale und technische Risiken bestehen.

Technische Risiken

Im Falle der technischen Risiken haben sich viele Risiken durch die Umstellung von Arbeit vor Ort zu der Arbeit im Homeoffice ergeben. An dieser Stelle soll noch einmal erwähnt sein, dass im April 2020 27 % der Beschäftigten in Deutschland aus dem Homeoffice gearbeitet haben.[119] Es ist damit zu rechnen, dass nicht jeder, der aus dem Homeoffice arbeitete Grundkenntnisse des Themas IT-Sicherheit hatte. Trotzdem musste durch das Homeoffice jeder in großem Maße eigenverantwortlich für seine IT-Sicherheit sorgen.

Eine Studie des Unternehmens „Lynx Software Technologies" aus den USA zeigt die technischen Sicherheitslücken auf, die sich durch das Homeoffice ergeben können.[120]

---

[119] Vgl.: Anteil der im Homeoffice arbeitenden Beschäftigten in Deutschland vor und während der Corona-Pandemie 2020 und 2021; Unter: https://de.statista.com/statistik/daten/studie/1204173/umfrage/befragung-zur-homeoffice-nutzung-in-der-corona-pandemie/ [10.08.2021]
[120] Vgl.: Survey exposes IT security gap; 10.03.2021; Unter: https://www.lynx.com/press-releases/survey-exposes-it-security-gap-36-of-americans-have-been-impacted-by-a-cybersecurity-attack-since-the-start-of-covid-19-or-know-someone-that-has [10.08.2021]

In der Umfrage wurden 1000 US-Amerikaner befragt. 76 % der Befragten gaben an, dass sie manchmal ihr Privatgerät für die Arbeit nutzen würden. 65 % der Befragten durften ihre Arbeitsgeräte auch für private Dienste nutzen. Außerdem benutzten 60 % der Befragten auch USB-Sticks, um Dateien zwischen Geräten zu bewegen. Zu der Frage nach der IT-Sicherheit äußerten sich die Befragten wie folgt: 48 % sagten, dass ihr Unternehmen keine strengen Maßnahmen im Bereich der IT-Sicherheit implementiert hätte. 58 % gaben an, dass ihr Unternehmen keine Antivirus-Software benutzt. Etwa 30 % der Befragten gaben an, dass sie über die größeren Risiken bei einem privat genutzten Unternehmensgerät nicht Bescheid wüssten. Mehr als die Hälfte der Befragten würde ein gehacktes Gerät nicht identifizieren können und wüsste auch nicht wie nach einer Hacker-Attacke vorzugehen sei.

Besonders die letzten Punkte illustrieren, dass viele Beschäftigte Probleme mit bzw. geringe Kenntnisse der IT-Sicherheit haben, wenn Sie selbstverantwortlich arbeiten müssen. Allein die Überschneidung von privatem und geschäftlichem Nutzen von Geräten ist ein großes Risiko für die IT-Sicherheit von Unternehmen. Auch unabhängig von COVID-19 gibt es den Trend „Bring your own Device" (BYOD) in Unternehmen. Die Kompatibilität dieses Trends mit der IT-Sicherheit ist jedoch fraglich. Im Artikel „An information security behavioural model for the bring-your-own-device trend"[121] wird auf die Meinung des IT-Sicherheitsexperten Tom Kaneshige eingegangen: *„He also points out that most devices that are used by employees in BYOD (Bring your own device) do not meet the standards provided in the organisation's information security policy. Moreover, employees involved in BYOD use cloud services such as Dropbox and Google Drive to store documents, which may result in some organisational documents being compromised."*

---

[121] S. 2; Musarurwa, Alfred/ Flowerday, Stephen/ Cilliers, Liezel: An information security behavioural model for the bring-your-own-device trend; 2018

Ein großes technisches Risiko, das sich durch COVID-19 ergeben hat, ist also die Vermischung von geschäftlicher und privater IT-Infrastruktur. Diese Vermischung ist nicht direkt ein Risiko, jedoch kann das unüberlegte Verhalten von ungeschulten Nutzern zu Datenlecks führen. In dem Kapitel „Maßnahmen" soll auf Verhaltensregeln eingegangen werden, mit denen IT-Sicherheit auch auf privaten Geräten gewährleistet werden kann.

Soziale Risiken

Durch COVID-19 hat sich eine Situation ergeben, die von Hackern ausgenutzt werden konnte. Im Vorfeld wurde bereits der Unterschied zwischen gezieltem und kollektivem Social Engineering erklärt. Im folgenden Kapitel sollen Beispiele und Statistiken gezeigt werden, die verdeutlichen, dass die Hacker durch COVID-19 eine neue Taktik konstruiert haben, wie soziale Risiken ausgenutzt werden. COVID-19 wurde von den Hackern als kollektive Angst verstanden, durch die kollektive Social Engineering Attacken möglich gemacht wurden.

Phishing-E-Mails im Kontext von COVID-19

In diesem Abschnitt wird eine typische Phishing-E-Mail und eine Phishing-E-Mail die während COVID-19 verbreitet wurde gegenübergestellt.[122] Damit kann die soziale Taktik aufgezeigt werden, die von den Hackern, während COVID-19 benutzt wurde.

---

[122] Lefferts, Rob: Microsoft shares new threat intelligence, security guidance during global crisis; Microsoft; 08.04.2020; Unter: https://www.microsoft.com/security/blog/2020/04/08/microsoft-shares-new-threat-intelligence-security-guidance-during-global-crisis/ [23.06.2021]

IT-Verhaltenssicherheit und die Auswirkungen von COVID-19

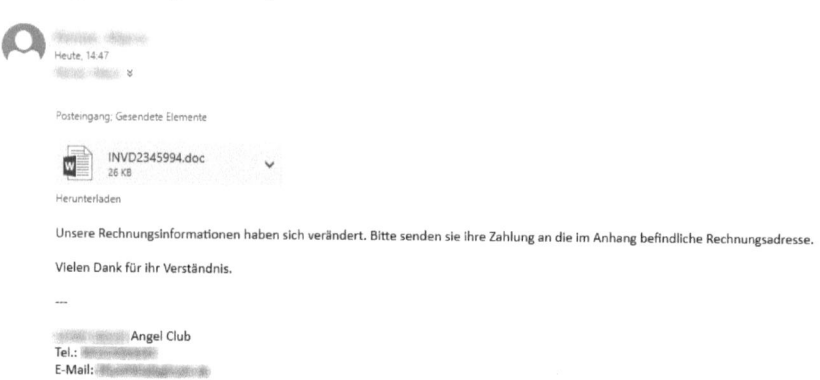

Abbildung 12: Typische Phishing-E-Mail

Bei der typischen Phishing-E-Mail in Abbildung 12 wird nach einer Zahlung für einen Angel Club gefragt. Die E-Mail soll vertrauenswürdig wirken, indem Kontaktinformationen zu der Organisation angegeben werden. Bereits in der Betreff-Zeile wird darauf aufmerksam gemacht, dass die Rechnung als Anhang der E-Mail mitgesendet wurde. Der Download der Rechnung ist das, was der Hacker mit der E-Mail hauptsächlich erreichen will, denn mit der Rechnung wird auch Malware auf den Computer des Opfers heruntergeladen. Die soziale Taktik der Phishing-E-Mail ist identisch mit der einer Scareware-Attacke. Es wird versucht das Opfer durch eine ausstehende Rechnung einzuschüchtern und zum Download der Rechnung zu bewegen.

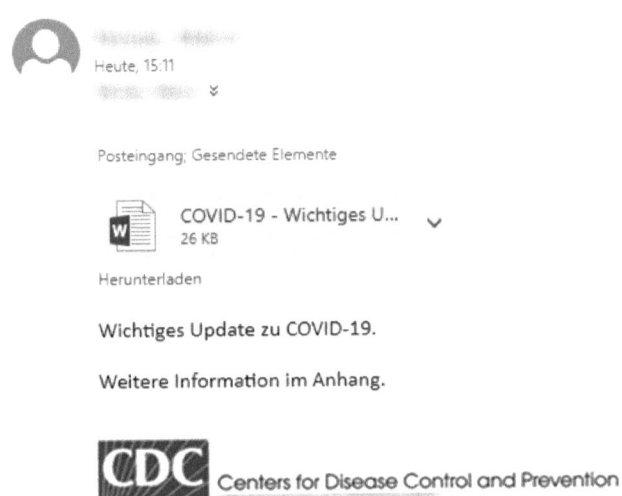

Abbildung 13: Phishing-Mail im Kontext von COVID-19

Die grundsätzliche Struktur der COVID-19 Phishing-E-Mail in Abbildung 13 ist identisch mit der aus dem vorherigen Abschnitt. Es wird wieder eine Organisation imitiert, um legitim zu wirken. Es gibt auch wieder einen Anhang, durch den Malware verbreitet werden soll. In dieser Phishing-E-Mail wird jedoch die Angst vor der COVID-19-Pandemie ausgenutzt. Statt auf eine Zahlung aufmerksam zu machen, werden hier die neuesten Informationen über die Pandemie verbreitet. Im Anhang sind vermeintlich Informationen der World Health Organisation zu finden.

Es ist also festzustellen, dass beide Phishing-E-Mails auf technische Weise identisch funktionieren. Jedoch wird bei der COVID-19 Phishing-E-Mail die aktuelle Angst ausgenutzt, die sich durch die Pandemie ergeben hat. Beide Phishing-E-Mails funktionieren nach dem Prinzip einer

Scareware-Attacke. Das Opfer soll zum Download von Malware gebracht werden, indem es eingeschüchtert wird. Die COVID-19 Phishing-E-Mail benutzt aber eine aktuelle Angst, die viele Menschen in Zeiten der Pandemie besonders beschäftigt hat.

Zeitliche Verbreitung von COVID-19 Phishing-E-Mails

Eine Statistik von Microsoft zeigt zu welchen Zeitpunkten die COVID-19 Phishing-E-Mails in großen Mengen verbreitet wurden. Im folgenden Abschnitt soll darauf aufmerksam gemacht werden, dass zu besonderen Zeitpunkten in der Pandemie auch viele Phishing-E-Mails versendet wurden. Es soll hauptsächlich dieser Zusammenhang zwischen dem Zeitpunkt und der Menge der Phishing-E-Mails aufgezeigt werden. Ob die spezifischen Ereignisse tatsächlich der Grund für die Veränderung im Verhalten der Hacker sind, bleibt natürlich unklar.

In dem Artikel „Exploiting a crisis: How cybercriminals behaved during the outbreak"[123] aus dem Microsoft Blog wird die zeitliche Verbreitung von COVID-19 Phishing-E-Mails in Großbritannien dargestellt. Der Autor beachtet dabei nicht nur, wie viele COVID-19 Phishing-E-Mails verbreitet wurden, sondern auch die Anzahl der einzigartigen COVID-19 Phishing-E-Mails. Dabei stellt sich heraus, dass während des Verlaufs der ersten drei Monate der Pandemie nicht viele neue Phishing-E-Mails konstruiert wurden, sondern wenige einzigartige Phishing-E-Mails in großem Maße versendet wurden. Anfang März 2020 steigt die Zahl der einzigartigen Phishing-E-Mails leicht an. Jedoch bleibt die Zahl der einzigartigen Phishing-E-Mails immer unter 1000 Stück. Dahingegen schwankt die komplette Zahl der verbreiteten Phishing-E-Mails stark. Mitte März 2020 liegt die Zahl der Phishing-E-Mails bei ca. 6500. Anfang April fällt die Zahl auf unter 2000.

---

[123] Exploiting a crisis: How cybercriminals behaved during the outbreak; Microsoft; 16.06.2020; Unter: https://www.microsoft.com/security/blog/2020/06/16/exploiting-a-crisis-how-cybercriminals-behaved-during-the-outbreak/ [23.06.2021]

Es lässt sich auch ein Zusammenhang zwischen den Ereignissen in Großbritannien und den Zahlen der Phishing-E-Mails erkennen. Der Anstieg der Phishing-E-Mails fängt an, nachdem der erste COVID-19 Fall in Großbritannien am 31.01.2020 aufgetreten ist. Interessant ist auch der Anstieg nach kurzer Stagnation Anfang März. Dies könnte einen Zusammenhang mit dem ersten Tod nach einer COVID-19 Erkrankung in Großbritannien am 05.03.2020 haben. Auch bemerkenswert ist der Anstieg Anfang April. Am 6. April 2020 wird der britische Premierminister Boris Johnson aufgrund seiner COVID-19 Erkrankung auf die Intensivstation eingewiesen. Kurz darauf kann wieder eine starke Zunahme der COVID-19 Phishing-E-Mails verzeichnet werden.

Anhand dieser Beispiele konnte nun gezeigt werden, dass Hacker die Angst, die sich durch COVID-19 ergeben hat, versucht haben auszunutzen. Dabei wurden gerade Zeitpunkte genutzt, in denen sich die Furcht vor COVID-19 im kollektiven Bewusstsein befand.

Gezielte Social Engineering Attacken im Kontext von COVID-19

Nachdem die vorangegangenen Abschnitte besonders auf die Risiken von kollektiven Social Engineering Attacken eingegangen sind, soll der folgende Abschnitt Risiken von gezielten Social Engineering Attacken aufzeigen. Dazu soll auch ein Beispiel genutzt werden.

Um gezielte Social Engineering Attacken durchzuführen, muss der Hacker über Daten des potenziellen Opfers verfügen. In dem Artikel „Social Engineering Attacks During the COVID-19 Pandemic" von Sushruth et al. wird die Existenz von Social Engineering Attacken erwähnt, bei denen die Gesundheitshistorie des Opfers benutzt wird.[124] Bei dieser Form einer Attacke handelt es sich um eine gezielte Social Engineering Attacke. Mit der Gesundheitshistorie kann nur ein bestimmtes Opfer beeinflusst werden. Des Weiteren kann mit der Gesundheitshistorie das Opfer

---

[124] S. 8, Sushruth, Venkatesha; Reddy, K. Rahul; Chandavarkar, B. R.: Social Engineering Attacks During the COVID-19 Pandemic; 06.02.2021.

entweder eingeschüchtert werden (Die soziale Taktik ist dann wieder der einer Scareware-Attacke sehr ähnlich.) oder es wird Authentizität vorgetäuscht.

Dass auch das gezielte Social Engineering, während der COVID-19 Pandemie an Relevanz zugenommen hat, zeigt der Artikel „A game of 'cat and mouse': Hacking attacks on hospitals for patient data increase during coronavirus pandemic" von Karen Weintraub.[125] Im Jahr 2017 wurde bereits eine Studie zu der IT-Sicherheit im Gesundheitssektor durchgeführt. In der Studie wurden 1300 Ärzte in den USA befragt. 83 % der Ärzte gaben an, dass Sie bereits Cyberattacken in irgendeiner Form erfahren haben. Diese Zahlen stammen nicht aus den Zeiten der COVID-19 Pandemie. Laut dem Artikel ist es für Gesundheitseinrichtungen mit der COVID-19 Pandemie nur noch schwieriger geworden, die IT-Sicherheit einzuhalten. Ein Beispiel ist das Seattle Children's Hospital: *„Seattle Children's, for instance, saw a doubling of attempted hacking attacks in March, specifically phishing emails, hunting for someone on the staff who would click on a malicious link and allow malware into the health system's network, said Gary Gooden, chief information security officer at the Washington-based health system."*[126] In diesem Zitat ist die Rede von dem Beginn der Pandemie im März 2020. In diesem Monat verdoppelten sich die Hacking Attacken auf das Kinderkrankenhaus in Seattle.

Für das hohe Interesse an Gesundheitsdaten lassen sich zwei Gründe herausstellen. Der erste Grund wird in folgendem Artikel erwähnt: *"The reason: Hackers can make a lot of money. Globally, cybercrime adds up to billions of dollars a year, Gooden said. Stealing a credit card number might be useful for only a day or two, until the person realizes it and cancels their card. But an electronic medical record is far more valuable.*

---

[125] Vgl.: Weintraub, Karen: A game of 'cat and mouse': Hacking attacks on hospitals for patient data increase during coronavirus pandemic; Unter: https://eu.usatoday.com/story/news/health/2020/07/12/hospitals-see-rise-patient-data-hacking-attacks-during-covid-19/5403402002/ [10.08.2021]

[126] Weintraub: A game of 'cat and mouse'

The FBI reported in 2014 that a stolen credit card or even social security number was worth just $1 on the black market, while an electronic health record would fetch about $50 – $1,000 if it belonged to a [...] public figure." Es gibt noch einen zweiten Grund, der das Stehlen von Gesundheitsdaten für Hacker lukrativer macht. Dieser Grund wird in dem im letzten Zitat bereits genannten FBI-Report ebenfalls erwähnt: *„The health care industry is not as resilient to cyber intrusions compared to the financial and retail sectors, therefore the possibility of increased cyber intrusions is likely."*[127]

Zusammenfassend kann man sagen, dass Gesundheitsdaten einfacher zu beschaffen sind und einen höheren Wert haben. Der höhere Wert ist wahrscheinlich darauf zurückzuführen, dass die Daten für gezielte Social Engineering Attacken eingesetzt werden können.

Fazit: Risiken durch COVID-19

In den vorangegangenen Kapiteln wurde aufbereitet, wie sich in vielen Bereichen die Lage der IT-Verhaltenssicherheit durch die COVID-19 Pandemie verändert hat. Der folgende Abschnitt soll eine kurze Zusammenfassung zu den Risiken geben und formulieren, wie die Risiken zusammenhängen.

Im ersten Abschnitt wurde auf die technischen Risiken eingegangen. Diese ergaben sich vor allem durch die neue Arbeitsweise von vielen Beschäftigten im Homeoffice. Konkret ist es das Risiko, dass es im Homeoffice vermehrt zu der Vermischung von privater und geschäftlicher IT-Infrastruktur gekommen ist. Auch im Artikel „A game of 'cat and mouse': Hacking attacks on hospitals for patient data increase during coronavirus pandemic" von Karen Weintraub wird das Homeoffice als

---

[127] Health Care Systems and Medical Devices at Risk for Increased Cyber Intrusions for Financial Gain, 08.04.2014

ein Risikofaktor erwähnt: „*And the situation has only gotten worse during the monthslong coronavirus pandemic, as more employees switched to working from home, and medical facilities were cash-strapped and stretched thin because of COVID-19.*"[128] Die technische Situation mit dem Homeoffice wurde von Hackern also als Chance aufgefasst. Das Homeoffice war demnach die günstige Ausgangslage für die erhöhte Zahl von Hacker-Attacken während der COVID-19 Pandemie.

Die favorisierte Taktik der Hacker waren Phishing-E-Mails.[129] Für eine erfolgreiche IT-Attacke wird bei einer Phishing-E-Mail nur ein „Klick" vom Opfer benötigt. Hierzu wurde beschrieben, mit welchen sozialen Taktiken die Opfer zum Klicken gebracht werden sollten. In einem Artikel von Rob Lefferts wird die soziale Taktik der Hacker treffend dargestellt: „*Attackers don't suddenly have more resources they're diverting towards tricking users; instead they're pivoting their existing infrastructure, like ransomware, phishing, and other malware delivery tools, to include COVID-19 keywords that get us to click.*"[130] Die Hacker haben also nicht neue Arten von Attacken durch die Pandemie benutzt, sondern benutzen die vorhandenen Mittel des Social Engineering im Kontext von COVID-19. (Bsp.: Die COVID-19 Phishing-E-Mail, die fast identisch aufgebaut ist wie eine übliche Phishing-E-Mail.)

Am Ende konnte ein Hacker dann oft wertvolle Gesundheitsdaten entwenden und weiterverkaufen. Dafür reichte ein kleiner Fehler bei den Opfern der Phishing-Attacke. Der Artikel von Karen Weintraub beschreibt dies so: „*Cybercriminals are particularly fond of phishing attacks that entice people to click on email links that provide the thief access to their computer networks. Corporate email protections can identify and remove nearly all potentially malicious emails before a user within the health care system ever sees them, Gooden said. But for the*

---

[128] Weintraub: A game of 'cat and mouse'
[129] Weintraub: A game of 'cat and mouse'
[130] Lefferts: Microsoft shares new threat intelligence; 2020

final few, the vigilance of employees remains crucial."¹³¹ Es ist nun von höchster Wichtigkeit diesem Fehler vorzubeugen. Das Problem ist in vielen Fällen, dass viele Arbeiter mit digitalen Mitteln arbeiten, die wenig oder gar nicht in dem Bereich der IT-Sicherheit geschult sind. Im nächsten Kapitel soll es um Maßnahmen gegen Hacker-Attacken gehen, die auch ungeschulten Arbeitern helfen können.

Maßnahmen

In dem folgenden Kapitel soll auf die Schutzmaßnahmen eingegangen werden, die IT-Verhaltenssicherheit gewährleisten können. Dabei handelt es sich um allgemeingültige Maßnahmen, die nicht erst durch die COVID-19 Pandemie Relevanz bekommen haben. Das letzte Kapitel hat gezeigt, dass sich die Arten der Attacken während der Pandemie nicht geändert haben, sondern nur der Kontext, in dem die Attacken genutzt werden. Deswegen können allgemeingültige Maßnahmen gegen das Social Engineering auch an dieser Stelle helfen.

Das Kapitel ist aufgeteilt in technische und soziale Maßnahmen. In dem ersten Abschnitt soll auf technische Faktoren eingegangen werden, die eine IT-Infrastruktur sicherer machen können. In dem zweiten Teil soll dann auf die sozialen Maßnahmen eingegangen werden. Im Bereich der sozialen Maßnahmen ist es wichtig, dass die Verhaltensweisen von Mitarbeitern an IT-Sicherheitsregeln angepasst werden. Um die Verhaltenssicherheit näher zu betrachten, soll ein Verhaltens-Framework aufgezeigt werden, dass im Kontext von einem „Bring Your Own Device"-Konzept erstellt wurde.

---

[131] Weintraub: A game of 'cat and mouse'

Technische Maßnahmen

Im technischen Bereich können Maßnahmen ergriffen werden, die präventiv die IT-Sicherheit steigern. Im folgenden Abschnitt sollen einige Bereiche der technischen IT-Sicherheit angeschnitten werden.

Bevor auf die Maßnahmen eingegangen wird, an denen aktiv gearbeitet werden muss, soll einmal der Schutz der E-Mail-Anbieter erwähnt werden. Laut eigenen Angaben blockiert Google 99,9 % aller Spam-, Phishing- und Malware-E-Mails auf Gmail.[132] Das beläuft sich täglich auf über 100 Millionen E-Mails. Um diese schädlichen E-Mails herauszufiltern, wird das Machine Learning Framework „TensorFlow" benutzt. Durch TensorFlow kann eine große Menge an E-Mails analysiert werden, um bei eingehenden E-Mails dann eine Entscheidung treffen zu können, ob diese Malware also schädlich sind. Damit TensorFlow funktionieren kann, ist es wichtig, dass schädliche E-Mails von den Nutzern gemeldet werden. Diese E-Mails können dann als Grundlage benutzt werden, um andere schädliche E-Mails zu identifizieren. Außerdem arbeitet Google auch mit dem WHO zusammen, um eine Form der Authentifizierung einzuführen.[133] Damit soll es für Nutzer möglich gemacht werden zu erkennen, ob eine E-Mail von einem legitimen Unternehmen versendet wurde. Es soll durch die DMARC-Methode (Domain-based Message Authentication, Reporting, and Conformance) auch schwieriger für Hacker werden Organisationen zu imitieren.

In den folgenden Absätzen sollen die Bereiche der Passwort-, Netzwerk- und Datensicherheit angeschnitten werden, um die Wichtigkeit dieser

---

[132] Vgl.: Kumaran, Neil: Spam does not bring us joy—ridding Gmail of 100 million more spam messages with TensorFlow; 06.02.2019; Unter: https://cloud.google.com/blog/products/g-suite/ridding-gmail-of-100-million-more-spam-messages-with-tensorflow [10.08.2021]
[133] Vgl.: Protecting businesses against cyber threats during COVID-19 and beyond; Unter: https://cloud.google.com/blog/products/identity-security/protecting-against-cyber-threats-during-covid-19-and-beyond [23.06.2021]

Bereiche aufzuzeigen. Alle diese Bereiche sind aber sehr umfangreich, weswegen nur einige Punkte beleuchtet werden können.

Passwörter sollten geschützt werden, um Hackern keinen einfachen Eingriff in ein System zu ermöglichen. Im Bereich der Passwortsicherheit ist erst einmal die Wahl des Passwortes wichtig. Hierzu gibt es einige Regeln.[134] Beispielsweise ist es wichtig, dass die Passwörter keine persönlichen Informationen beinhalten, wie Geburtstagsdatum oder Name. Damit wäre das Passwort leichter zu erraten. Allgemein kann man sagen, dass längere Passwörter sicherer sind. Auch verschiedene Zeichen und Zahlen zu benutzen, trägt zur Sicherheit von Passwörtern bei. Außerdem sollte nicht für verschiedene Logins das gleiche Passwort benutzt werden. Es sollte auch nicht in einer Datei auf dem Computer gespeichert sein oder auf einem Zettel stehen, der am Computer klebt. Viele Nutzer haben dadurch das Problem, dass es schwierig ist, viele individuelle Passwörter zu organisieren. Zu diesem Zweck bietet sich die Nutzung eines Passwort-Managers an. Wenn man die Authentifizierung bei bestimmten Systemen noch sicherer gestalten will, kann auch eine Zwei-Faktor Authentifizierung benutzt werden. Passwortsicherheit ist ein Bereich, über den die Mitarbeiter in einem Unternehmen aufgeklärt werden sollten. Falls die Mitarbeiter Zugang zu besonders vertraulichen Informationen haben, bietet sich hierbei die Nutzung von Zwei-Faktor Authentifizierung an.

Der Bereich der Netzwerksicherheit wurde durch die COVID-19 Pandemie ebenfalls relevanter. In vielen Unternehmen konnte vorher in einem Firmen-Intranet gearbeitet werden. Durch die neue Situation im Homeoffice gab es aber keinen direkten Zugang mehr zu diesem Intranet. Um auf Firmen-Daten weiterhin zuzugreifen muss im Homeoffice dann eine Verbindung vom Heim-Netzwerk zum Firmen-Netzwerk aufgebaut werden. Eine solche ungeschützte Verbindung aufzubauen, kann ein Risiko

---

[134] Vgl.: Passwortsicherheit; Unter: https://www.perseus.de/wissen/glossar/glossarbegriff/passwortsicherheit/ [10.08.2021]

sein. Im Bereich der Netzwerksicherheit ist eine sichere Verbindung über ein VPN zu empfehlen.[135]

Im Bereich der Datensicherheit wurde bereits beschrieben, dass private und geschäftliche IT-Infrastruktur, während der COVID-19 Pandemie vermischt wurden. Wichtig ist, dass darauf achtgegeben wird, wo vertrauliche Daten abgelegt werden. Vertrauliche Daten sollten einen festen Ablageplatz haben. Solche Daten sollten nicht auf Privatgeräten von Mitarbeitern gespeichert werden, da dadurch das Stehlen der Daten einfacher wird.

Alle diese Bereiche sind weitaus umfangreicher, als sie hier dargestellt wurden. Die vorangegangenen Abschnitte sollen lediglich als Übersicht über die technischen Maßnahmen dienen. Es empfiehlt sich für Unternehmen die Bereiche näher zu untersuchen. Dabei sollten die derzeitige Situation der IT-Sicherheit und die angestrebte Situation in Betracht gezogen werden. Schließlich sollten passende Maßnahmen implementiert werden.

Soziale Maßnahmen

Um im sozialen Bereich Maßnahmen herauszustellen, soll in diesem Kapitel Bezug genommen werden auf eine Studie zum Konzept „Bring your own Device." „Bring your own Device" bedeutet, dass Mitarbeiter in einem Unternehmen mit ihren Privatgeräten arbeiten dürfen. Wie bereits im Vorfeld dieser Arbeit herausgestellt wurde, kann diese Arbeitsweise IT-Sicherheitsprobleme mit sich bringen. In der Studie „An information security behavioural model for the bring-your-own-device trend" von Musarurwa et al.[136] wird versucht ein Verhaltens-Framework zu formulieren, durch das die IT-Sicherheitsprobleme des „Bring your own De-

---

[135] S. 7; Sushruth et al.:Social Engineering Attacks During the COVID-19 Pandemic; 2021.
[136] Musarurwa, et al.: An information security behavioural model; 2018

vice" Konzepts gelöst werden können. In der Studie wird das Ziel so formuliert: *„While technical solutions are offered by various BYOD solution providers, the theme of this article is to propose employee behavioural change for organisations to mitigate the risks that are associated with the BYOD phenomenon."*[137]

In der Studie wurden durch eine Literaturrecherche sechs Faktoren herausgestellt, die die Verhaltensabsicht eines Individuums am meisten beeinflussen. Drei dieser Faktoren sind individuell. Die drei anderen Faktoren sind organisatorischer Art. Die individuellen Faktoren sind Einstellung, Wissen und Gewohnheit. Die drei organisatorischen Faktoren sind Umgebung, Führung und Training. In den folgenden Abschnitten soll kurz auf die einzelnen Faktoren eingegangen werden und wie diese die IT-Verhaltenssicherheit beeinflussen können.

Der erste Faktor ist die Einstellung der individuellen Mitarbeiter. Damit ist die allgemeine Arbeitseinstellung der Mitarbeiter gemeint. Sie beeinflusst nicht nur die Absicht eines Mitarbeiters, sondern auch wie dieser Mitarbeiter in bestimmten Situationen reagiert. Im Bereich der IT-Verhaltenssicherheit ist es wichtig, dass die Einstellung der Mitarbeiter an die IT-Sicherheitsstandards angepasst ist. Ein Mitarbeiter sollte ein Bewusstsein dafür haben, wie wichtig die IT-Sicherheit für das Unternehmen und auch für seine eigenen Daten ist. Durch eine vorsichtige Einstellung kann damit gerechnet werden, dass Mitarbeiter bspw. bei dem Öffnen von E-Mail-Anhängen bedachter agieren.

Damit ein Mitarbeiter aber wirklich schädliche E-Mails von normalen E-Mails unterscheiden kann, braucht dieser Mitarbeiter auch Wissen. Dieser Faktor hängt eng zusammen mit dem organisatorischen Faktor Training. Durch Schulungen können Mitarbeiter das nötige Wissen erlangen. Andererseits kann Wissen auch durch Erfahrung bereits erlernt sein oder

---

[137] S. 1, Musarurwa, et al.: An information security behavioural model; 2018

selbst angelernt werden. Es gibt verschiedene Möglichkeiten, wie Wissen selbst erlernt werden kann. Beispielsweise wurde von Google ein Phishing-Test zusammengestellt, in dem der Nutzer Phishing-E-Mails von echten E-Mails unterscheiden soll.[138] In diesem Quiz wird auf Aspekte aufmerksam gemacht, wie der verdächtige Link-Aufbau und verdächtige Sender-E-Mail-Adressen. Mit diesem und ähnlichen Tests kann Wissen über IT-Sicherheit kostengünstig an Mitarbeiter vermittelt werden.

Einen großen Einfluss auf das Verhalten eines Mitarbeiters hat auch der Faktor Gewohnheit. Mit Gewohnheit sind die regulären Verhaltensmuster eines Individuums gemeint. Eine Besonderheit an dem Faktor Gewohnheit ist, dass auch private Gewohnheiten einen hohen Einfluss auf die Verhaltensweisen im Unternehmen haben. Ein Beispiel ist der Umgang mit Passwörtern. Wenn ein Mitarbeiter im privaten Bereich immer eine Kombination aus seinem Namen und seinem Geburtsdatum als Passwort benutzt, ist es wahrscheinlich, dass er das im Unternehmen auch tun wird. Die Verantwortung des Unternehmens besteht darin diese Gewohnheiten, die die IT-Sicherheit gefährden, zu ändern. Natürlich kann hier auch eine Änderung in den Faktoren Einstellung und Wissen die Gewohnheit eines Mitarbeiters positiv beeinflussen.

Der erste organisatorische Faktor ist die Umgebung der Mitarbeiter. Das Ziel dieses Faktors ist, dass die IT-Sicherheit eines Mitarbeiters durch die Unternehmensumgebung gefördert werden kann. Dies kann z. B. dadurch funktionieren, dass der Mitarbeiter im Unternehmen IT-Sicherheitsmaßnahmen beobachten kann. Die Unternehmensumgebung ist ein Faktor, der damit die IT-Sicherheit stärken aber auch schädigen kann. Wenn ein Mitarbeiter sieht, dass andere Kollegen unachtsam mit z. B.

---

[138] Vgl.: Phishing-Quiz; Unter: https://phishingquiz.withgoogle.com/ [10.08.2021]

Daten umgehen, wird er das evtl. nachmachen. Wenn er jedoch beobachtet, dass Datensicherheit bei allen Mitarbeitern hochgehalten wird, sollte das auch sein Handeln positiv beeinflussen.

Eine so positiv wirkende Umgebung kann vor allem durch den Faktor Führung erreicht werden. Durch Führung soll das Verhalten der Mitarbeiter gelenkt werden. Es müssen „Best Practices" gezeigt werden und auf falsche Verhaltensweisen aufmerksam gemacht werden. Zu dem Aspekt der Führung gehört auch die Implementierung von klaren Regeln. Ein Beispiel ist, dass vertrauliche Daten nur an bestimmten, sicheren Stellen gespeichert werden dürfen. Solche klaren Regeln sollen das Handeln der Mitarbeiter beeinflussen und die IT-Sicherheit fördern.

Der letzte Faktor ist das Training. Beim Training geht es darum, dass Wissen vermittelt wird, wie in einem der vorangegangenen Absätze schon erwähnt wurde. Das Training sollte für ein Unternehmen als Investition in die Zukunft gesehen werden, mit dem alle vorangegangenen Aspekte maßgeblich beeinflusst werden können. Das Ziel des Trainings ist es nicht nur, die besten Verhaltensweisen im Bezug zu der IT-Sicherheit zu vermitteln, sondern auch die Konsequenzen von leichtsinnigen Verhaltensweisen. Gerade das Wissen über die leichtsinnigen Verhaltensweisen sollte die Einstellung und Gewohnheit der Mitarbeiter maßgeblich beeinflussen.

Das Interesse eines Unternehmens an der Verhaltensweise der Mitarbeiter ist eine präventive Maßnahme. Die IT-Verhaltenssicherheit der Mitarbeiter kann gefördert werden, wenn die beschriebenen Faktoren beeinflusst werden.

Fazit

In dieser Arbeit wurden die Risiken des Social Engineering während der COVID-19-Pandemie durch Beispiele und Statistiken herausgestellt. Interessant ist, was sich durch den Vergleich der Phishing-E-Mails gezeigt hat: Die Funktionsweise der Hackerangriffe hat sich nicht verändert, sondern nur die Formulierung des Angriffs. Trotzdem wurde durch die folgenden Kapitel gezeigt, dass es in den Anfangsmonaten der Pandemie einen hohen Anstieg an Phishing-E-Mails gab, da versucht wurde die Angst der Opfer auszunutzen. Die Frage ist, ob sich so etwas wiederholen kann. In dieser Arbeit wurde auch herausgestellt, dass Hacker nur wenige Opfer brauchen, die auf die schädlichen Anhänge bei Phishing-E-Mails klicken. Wenn also ein weiteres Ereignis auftritt, das Angst in Menschen auslöst, ist es sehr wahrscheinlich, dass Hacker das wieder ausnutzen wollen. Gerade deswegen ist es wichtig ein allgemeines Bewusstsein bei Nutzern für die IT-Verhaltenssicherheit aufzubauen.

Das Wissen, das dabei vermittelt werden muss, hat sich durch die COVID-19-Pandemie nicht verändert. Da die Hacker immer noch die gleiche Art von Angriffen benutzen, muss nur darüber aufgeklärt werden, wie diese Angriffe im Allgemeinen funktionieren.

Im letzten Kapitel wurde darauf eingegangen, dass das Verhalten der Nutzer durch einige Faktoren besonders beeinflusst ist. An dieser Stelle soll einer dieser Faktoren nochmal in besonderer Weise erwähnt werden. Das Training vermittelt Wissen über IT-Sicherheit, das wiederum die Einstellung und die Gewohnheit von Nutzern beeinflusst. Zurzeit fängt die Diskussion über das IT-Sicherheitstraining bei Unternehmen an. Dabei ist auch für eine Privatperson oder Schüler und Studenten IT-Sicherheit von hoher Wichtigkeit. Da die Digitalisierung im Allgemeinen auch zunimmt, scheint es wichtig zu sein, so früh wie möglich ein Bewusstsein für IT-Verhaltenssicherheit zu schaffen.

Verwendete Literatur

Anteil der im Homeoffice arbeitenden Beschäftigten in Deutschland vor und während der Corona-Pandemie 2020 und 2021; Unter: https://de.statista.com/statistik/daten/studie/1204173/umfrage/befragung-zur-homeoffice-nutzung-in-der-corona-pandemie/ [10.08.2021]

Bisson, David: 5 Social Engineering Attacks to Watch Out For; 05.02.2021; Unter: https://www.tripwire.com/state-of-security/security-awareness/5-social-engineering-attacks-to-watch-out-for/ [23.06.2021]

Digitales Lernen nimmt stark zu; 08.12.2020; Unter: https://www.destatis.de/DE/Presse/Pressemitteilungen/2020/12/PD20_N081_63.html [10.08.2021]

Exploiting a crisis: How cybercriminals behaved during the outbreak; Microsoft; 16.06.2020; Unter: https://www.microsoft.com/security/blog/2020/06/16/exploiting-a-crisis-how-cybercriminals-behaved-during-the-outbreak/ [23.06.2021]

Exploiting a crisis: How cybercriminals behaved during the outbreak; Microsoft; 16.06.2020; Unter: https://www.microsoft.com/security/blog/2020/06/16/exploiting-a-crisis-how-cybercriminals-behaved-during-the-outbreak/ [23.06.2021]

Health Care Systems and Medical Devices at Risk for Increased Cyber Intrusions for Financial Gain, 08.04.2014

https://cloud.google.com/blog/products/g-suite/ridding-gmail-of-100-million-more-spam-messages-with-tensorflow [10.08.2021]

https://eu.usatoday.com/story/news/health/2020/07/12/hospitals-see-rise-patient-data-hacking-attacks-during-covid-19/5403402002/ [10.08.2021]

Kumaran, Neil: Spam does not bring us joy—ridding Gmail of 100 million more spam messages with TensorFlow; 06.02.2019; Unter:

Laufenburg, Robin: Zehn beliebte Social-Engineering-Methoden im Überblick; Unter: https://it-service.network/blog/2019/03/29/social-engineering-methoden/ [23.06.2021]

Lefferts, Rob: Microsoft shares new threat intelligence, security guidance during global crisis; Microsoft; 08.04.2020; Unter: https://www.microsoft.com/security/blog/2020/04/08/microsoft-shares-new-threat-intelligence-security-guidance-during-global-crisis/ [23.06.2021]

Musarurwa, Alfred/ Flowerday, Stephen/ Cilliers, Liezel: An information security behavioural model for the bring-your-own-device trend; 2018

Passwortsicherheit; Unter: https://www.perseus.de/wissen/glossar/glossarbegriff/passwortsicherheit/ [10.08.2021]

Protecting businesses against cyber threats during COVID-19 and beyond; Unter: https://cloud.google.com/blog/products/identity-security/protecting-against-cyber-threats-during-covid-19-and-beyond [23.06.2021]

Punkari, Toni: Office 365 Credential Phishing: The lazy attacks blind us from the exceptional ones; Unter: https://www.hoxhunt.com/blog/office-365-credential-phishing/ [10.08.2021]

Schützen Sie sich und Ihr Unternehmen vor „CEO-Fraud" und weiteren Betrugsarten; Unter: https://www.hypovereinsbank.de/hvb/services/sicherheit/betrugspraevention/ceo-fraud [10.08.2021]

Social Engineering; Unter: https://www.imperva.com/learn/application-security/social-engineering-attack/ [23.06.2021]

SURVEY EXPOSES IT SECURITY GAP: 36 % OF AMERICANS HAVE BEEN IMPACTED BY A CYBERSECURITY ATTACK SINCE THE START OF COVID-19 (OR KNOW SOMEONE THAT HAS), 10.03.2021; Unter: https://www.lynx.com/press-releases/survey-exposes-it-security-gap-36-of-americans-have-been-impacted-by-a-cybersecurity-attack-since-the-start-of-covid-19-or-know-someone-that-has [23.06.2021]

Sushruth, Venkatesha; Reddy, K. Rahul; Chandavarkar, B. R.: Social Engineering Attacks During the COVID-19 Pandemic; 06.02.2021.

Weil, Tim; Murugesan, San: IT-Risk and Resilience – Cybersecurity Response to COVID-19; Computing edge; 2020.

Weintraub, Karen: A game of 'cat and mouse': Hacking attacks on hospitals for patient data increase during coronavirus pandemic; Unter: https://eu.usatoday.com/story/news/health/2020/07/12/hospitals-see-rise-patient-data-hacking-attacks-during-covid-19/5403402002/ [14.09.2022]

IT-Sicherheitsherausforderungen in Zeiten von Corona: Data-Leakage-Prevention

Autorin: Amey Shannon Smyth

Einleitung

Das folgende Kapitel schafft einen Eindruck von der Ausarbeitung und der Fragestellung. Die Problematik, das Ziel sowie die Forschungsfrage und -methodik werden erläutert, um die Absichten dieser Arbeit darstellen zu können.

Problemstellung

Das zugrundeliegende Problem sind die neuen Data-Leakage-Prevention(DLP)-Herausforderungen, die durch die Corona Pandemie im Jahr 2020 entstanden sind. Die Pandemie hat anfänglich im April 2020 27 % der Beschäftigten in sehr kurzer Zeit ins Homeoffice gezwungen.[139] Die neue Homeoffice-Regelung war unvorbereitet und musste im März 2020 schnell umgesetzt werden. Durch die rapide Umstellung des „Vor Ort"-Arbeitens auf das Remote-Arbeiten blieb keine Zeit für die Vorbereitung von Best Practices für die Sicherheit im Homeoffice. Sicherheitskonzepte, Richtlinien, Compliances und Policies für eine Prävention von Datenabfluss, Datenverlust und Datendiebstahl konnten vorab nicht erstellt

---

[139] Vgl. Statista Research Department (2022)

oder umgesetzt werden. Das Problem bildete sich also aus den unvorhergesehenen Sicherheitshürden, die bei dem digitalen Arbeiten in einer Pandemie entstanden sind.

Der Kern des Problems liegt in den angefallenen und erhöhten Datenflüssen außerhalb der physischen Organisation. Die unvorbereitete, technische und organisatorische Umstellung hat die Möglichkeit und somit die Wahrscheinlichkeit von Datenverlust, Datendiebstahl und vor allem Datenstreuung stark erhöht.

Zielsetzung

Ziel dieser Arbeit ist es, die neuen bzw. erhöhten Sicherheitslücken im Rahmen von DLP zu erkennen. Sie veranschaulicht die erkannten DLP/Sicherheits-Herausforderungen und die dazugehörigen Lösungen und soll auf diese Weise das digitale Arbeiten sicherer machen. Darüber hinaus soll diese Ausarbeitung Lesende generell hinsichtlich der Datensicherheit sensibilisieren.

Forschungsfrage und Forschungsmethodik

Folgende Forschungsfrage wird in dieser Arbeit beleuchtet:

„Welche Data-Leakage-Prevention-Herausforderungen sind im Zusammenhang mit dem Start der Corona-Pandemie im Jahr 2020 in Deutschland entstanden?"

Um die Fragestellung beantworten zu können, werden umfangreiche Literaturrecherchen durchgeführt und Analysen angestellt. Des Weiteren werden das Wissen und die Erfahrung von Security-Experten eingebracht. Aus der Literatur und aus dem Wissensaustausch mit Experten werden die ermittelten Sicherheitshürden im DLP-Bereich erläutert und lösungsorientiert analysiert. Der praktische Wissensaustausch wird ohne Verweis oder Kennzeichnung dargestellt.

Abschließend werden die Ergebnisse in einer traditionellen, textuellen Darstellung zusammengefasst. Der Text zeigt lediglich die wesentlichen Daten, die zu Antworten der genannten Forschungsfrage führen.

Grundlagen: Data-Leakage-Prevention

In dem folgenden Kapitel wird DLP erläutert, um die Kernfunktion, die Wichtigkeit und die Bedeutung von den neuen Data-Leakage-Prevention-Problemen zu verstehen. Ebenfalls wird ein klassisches DLP-Verfahren aus der Literatur dargestellt, welches bereits vor der Pandemie existierte.

Was ist Data-Leakage?

Data-Leakage ist der englische Begriff für Datenabfluss. Aber was genau ist unter Data-Leakage beziehungsweise Datenabfluss zu verstehen? Der Begriff umfasst den unvorhergesehenen Abfluss, Verlust und das Verlorengehen von Daten. Dieser Abfluss kann dauerhaft, temporär oder eine unbemerkte Kopie sein. Daten können in digitaler und physikalischer Form verloren gehen.[140]

Es gibt viele Ursachen für Data-Leakage. So können Daten zum Beispiel durch technische Defekte oder Software-Fehler verloren gehen. Die Nichterreichbarkeit eines Rechners aufgrund eines technischen Fehlers könnte zum Beispiel ein logischer Fehler im Betriebssystem sein. Ein weiteres typisches Beispiel kann das Vergessen des Passwortes (PW) oder auch das zu oft falsch eingegebene Passwort auf einem Rechner (Bitlocker oder Login-PW) sein. Unter anderem ist ein Datenverlust oder -abfluss auch dann vorhanden, wenn Hardwaredefekte auftreten wie z. B. durch das Herunterfallen eines Gerätes oder durch das Umschütten von

---

[140] Vgl. Hauer (2017)

Flüssigkeiten auf Hardware-Komponenten. Daten sind durch die genannten Beispiele ebenfalls unvorhergesehen verloren. Außerdem können Bedienfehler und Updates/Upgrades in der Software und Hardware zu einem Datenverlust führen. Hierunter ist zu verstehen, dass Daten versehentlich gelöscht, überschrieben, falsch formatiert oder beschädigt werden. Im Hinblick auf den Software-Bereich stellt z. B. das Updaten einer Applikation, bei der nicht alle Daten korrekt transferiert werden, oder wenn der Computer ausgeschaltet wird, ohne das System ordnungsgemäß zu schließen, ein Problem dar. Ein Hardware-Beispiel findet sich in der mechanischen Beschädigung von Datenträgern, wenn beispielsweise ein Festplatten-Port verbogen wird. Daten können auch verloren gehen, indem Server oder gar ein ganzes Rechenzentrum beispielsweise durch Unwetter, Überhitzung, Überschwemmung oder ähnliches zerstört werden.

Bei diesen Datenverlust- bzw. Datenabfluss-Auflistungen handelt es sich um keine bösartigen Absichten. Diese Beispiele wurden gewählt, um zu erläutern, dass ein Datenverlust nicht immer eine illegale Aktivität sein kann oder muss.[141]

Beabsichtigte Ursachen von Data-Leakage entstehen meist durch Cyber-Kriminelle, die zum Beispiel Malware und Viren verschicken, Social Engineering durchführen oder Systeme hacken und verschlüsseln. Eine weitere Ursache kann interne oder auch externe Sabotage und Spionage der Organisation sein.[142]

Zusammengefasst beschäftigt sich Data-Leakage mit dem generellen Abfluss und Verlust von physischen und digitalen Daten, ob in unbewusster (unbeabsichtigt) oder bewusster (beabsichtigt) Handlung. Der Datenverlust ist für die Betroffenen unvorhergesehen.

---

[141] Vgl. Lenhard (2020), Seite 15 ff.
[142] Vgl. Fach (2017)

Was ist Data-Leakage-Prevention?

Data-Leakage-Prevention beschäftigt sich mit der Prävention und mit dem Schutz von ungewolltem Datenabfluss, wie im vorherigen Kapitel beschrieben. Im Grunde genommen ist DLP ein Schlagwort für eine Schutzstrategie, um Software, Hardware und weitere Informationsträger, die digitale oder physische Informationen und Daten beinhalten, zu schützen. Daten müssen vor fahrlässigem und vorsätzlichem Verlust oder unbefugter Kenntnisnahme abgesichert werden. Data-Leakage-Prevention kann ein System sein, das die Informationen und Daten der Hardware und Software-Komponente überwacht.[143] Die Systeme bzw. Software-Lösungen können zudem die Nutzung von Netzwerken und Endgeräten monitoren. Bei solchen Lösungen handelt es sich um Produkte, die unterschiedliche Sicherheitstechniken und -Strategien einsetzen, um die Vertraulichkeit der sensiblen und kritischen Daten so weit wie möglich zu gewährleisten.

Der Begriff Data-Leakage-Prevention ist auch als Data-Leak-Prevention bekannt und wird als Synonym für Data-Loss-Prevention verwendet. IT-Experten und IT-Spezialisten unterscheiden diese Begriffe. So handelt es sich bei Data-Leak-Prevention um einen Schutz vor unbefugtem Zugriff und dessen Weitergabe. Der verursachte Schaden bleibt meist unbemerkt. Dagegen wird bei Data-Loss-Prevention vermutet, dass Daten nicht mehr vorhanden sind und konkrete Schäden entdeckt werden. Data-Loss-Prevention und Data-Leakage-Prevention werden meist als Synonym gebraucht.[144] In dieser Arbeit werden die generellen unvorhergesehenen Datenabflüsse analysiert, die durch die Pandemie entstanden sind und entstehen könnten. Es werden alle Aspekte mit einbezogen, ob ein unbemerkter und unbefugter Zugriff von Daten (Data-Leakage-Prevention) oder der Datenverlust sowie die Beschädigung von Daten (aus Sicht

---

[143] Vgl. Conrad (2013), Seite 797
[144] Vgl. RYTEWIKI (o. J.)

der IT-Experten: Data-Loss-Prevention). In dieser Ausarbeitung werden die Begriffe jedoch als Synonym verwendet.

DLP-Lösungen bzw. -Präventionen können sich zum Beispiel auch in der Kontrolle von USB-Sticks finden. Die USB-Sticks werden anhand ihrer Seriennummer individuell einem User zugeordnet und freigegeben für bestimmte Ports. Dieses Vorgehen ist mit den meisten End- und Peripherie-Geräten möglich (Drucker, Scanner, Maus, Headset etc.). In diesem Fall hat nur der zugeordnete User Schreibzugriff auf den verschlüsselten Stick, alle anderen aus der Abteilung haben lediglich Lesezugriff. Hierbei ist zu verstehen, dass die Software-Kontrolle dieser Benutzergruppen und die eingesetzte Verschlüsselung Data-Leakage-Prevention-Einsätze sind.[145] Ebenso gibt es viele weitere DLP-Verfahren und Ansätze. Diese werden in folgenden Abschnitten erläutert.

Jedes Unternehmen erzeugt täglich Daten, die für den laufenden Betrieb notwendig sind. In Deutschland wurden im Jahr 2018 täglich durchschnittlich mehr als 2,5 Trillionen Bytes digitaler Daten erzeugt.[146] Durch die Pandemie und den Zwang des digitalen Arbeitens sowie den generellen digitalen Fortschritt können wir davon ausgehen, dass die Menge an täglich erzeugten digitalen Daten um einiges höher ist als im Jahr 2018. Eine Person erzeugte im Jahr 2019 durchschnittlich mehr als ein Gigabyte an Daten pro Tag.[147] Das sind knapp 3 Trillionen Bytes digitaler Daten, die an einem Tag in Deutschland erzeugt werden. Ein Teil dieser Daten sind kritische und sensible Daten, wie Finanzdaten, Strategien und Produktionsdaten. Diese erfordern einen großen Schutz. Schließlich wird es besonders bedrohlich für ein Unternehmen, wenn wichtige Daten und Informationen aus Versehen oder vor allem mit Absicht aus dem Unternehmen abfließen. Sensible Daten sind zudem das

---

[145] Vgl. Redaktion ComputerWeekly (2013)
[146] Vgl. Krocker (2018)
[147] Vgl. Marx und Heinrichs (2019)

Ziel von Spionage und Cyber-Angriffen. Data-Leakage-Prevention gibt den unternehmensrelevanten Daten den notwendigen Schutz.

DLP befasst sich nicht nur mit den kritischen Daten innerhalb einer Organisation, sondern auch mit den Datenflüssen. Dabei gibt es viele verschiedene Datenflüsse. Daten innerhalb eines Datenflusses sind besonders stark bedroht, da die Daten „bewegt" werden. Ein Datenabfluss bei bewegten bzw. aktiven Daten ist wahrscheinlicher, als wenn sie statisch auf einer verschlüsselten Festplatte mit zusätzlichem PW gesichert sind. Vielmehr ist unter Datenfluss die Kommunikation zwischen IT-Systemen und/oder Menschen zu verstehen. Beispiele hierfür sind:

- E-Mail- und Chat-Verkehr,
- die Kommunikation zwischen Clients und Server oder Cloud-Diensten, wie durch Web- oder App-Aufrufe,
- das gesprochene Wort,
- die Kommunikation zwischen Hardware-Geräten (Client und mobile Geräte, Drucker, Scanner, USB etc.) sowie
- die Kommunikation der Netzwerke.

Die Datenflüsse bzw. der Datentransfer spielt vor allem eine große Rolle bei der neuen Homeoffice-Reglung. Die Datenübertragungsrate und die Übertragungskanäle sind durch das „verstreute" Remote-Arbeiten angestiegen.[148] Hierbei müssen die Daten durch DLP besonders geschützt werden.

Data-Leakage-Prevention ist nicht nur wichtig, um sensitive Daten zu schützen, sondern auch wichtig, um unnötige Kosten zu sparen. Wie in Abbildung 14: Der Preis der verlorenen Daten zu erkennen ist, liegt der Preis bei einer Datenpanne bei durchschnittlich 3,7 Millionen US-Dollar (umgerechnet 3,13 Millionen EUR) in Deutschland. In Deutschland erlitt ein Unternehmen im Jahr 2019 durchschnittlich einen Datenschaden in Höhe von 40 Mio. Euro durch einen Ransomware-Angriff, wobei Daten

---

[148] Vgl. Digital Engineering Magazin (2020)

IT-Sicherheitsherausforderungen in Zeiten von Corona: Data-Leakage-Prevention

verloren gegangen sind und Informationen unzugänglich gemacht wurden.[149]

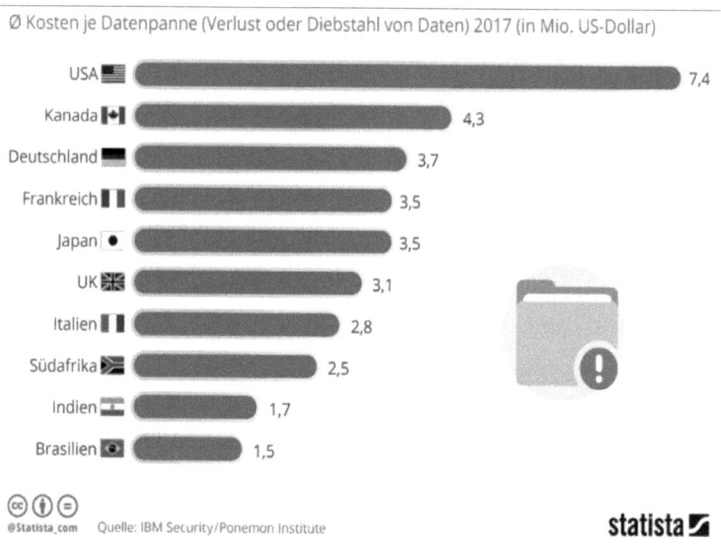

Abbildung 14: Der Preis der verlorenen Daten [150]

Zusammengefasst umfasst Data-Leakage-Prevention den Schutz vor unerwünschtem Datenabfluss in einem Unternehmen. Die DLP-Schutzmaßnahmen sollen die Datenlecks erfolgreich abdichten. Schutz bedeutet in diesem Zusammenhang, dass der Abfluss von Unternehmensdaten unterbunden werden soll. Das Ziel besteht darin, sensible Daten zu erkennen und die Verbreitung sowie Nutzung dieser durch Kontrollen und bestimmte Schutzstrategien zu behüten.

---

[149] Vgl. BSI (2019), Seite 34
[150] Vgl. Brandt (2017)

Data-Leakage-Prevention-Verfahren

Hinsichtlich eines DLP-Verfahrens ist es wichtig zu verstehen, dass sensible Daten und Datenübertragungen erkannt werden müssen, um Datenlecks zu schließen. Folgend ist eine Data-Leakage-Prevention-Vorgehensweise nach Best Practices dargestellt. [151]

Bei einem DLP-Framework werden sieben wichtige Schritte spezifiziert:

(1) Im ersten Schritt steht die **Daten-Priorisierung im Fokus**. Wie bereits erläutert, sollten kritische und sensible Daten identifiziert werden, die mit Priorität geschützt werden. Der erste Schritt besteht darin, zu unterscheiden, welche Unternehmensdaten schützenswert sind und welche weniger.

(2) Darauf aufbauend folgt die **Datenklassifizierung** bspw. nach Quellanwendung, Inhalt, Datenspeicher, Benutzergruppen, Hersteller der Daten etc. Hierbei können Klassifizierungstags verwendet werden.

(3) Der dritte Schritt beschäftigt sich mit dem **Verständnis der Risiken**. Es gibt viele verschiedene Risiken, wenn Daten gefährdet sind. Eine Gefahr besteht darin, wenn Daten ge- oder verteilt werden. In diesen Fällen sind die Daten oft am stärksten gefährdet, wenn sie transportiert werden. Beispiele hierfür sind das Anhängen von Daten an eine E-Mail, die verschickt wird, oder das Verschieben der Daten auf Wechseldatenträger.

(4) Anschließend ist es von Bedeutung, zu verstehen, wie Daten verwendet werden und welche Verwendung und Verhaltensweisen (z. B. wann werden Daten abgerufen, kopiert, komprimiert etc.?) diese aufweisen. Das heißt, dass die **Datenübertragung**, oben Datenfluss genannt, überwacht wird. Durch das Erkennen der Verwendung der Daten werden Probleme sowie Datenlecks erkannt, die anhand einer DLP-Strategie gelöst werden können.

---

[151] Vgl. Proofpoint (o. J.)

(5) Die **Kommunikation und Entwicklung von Kontrollen** bildet den nächsten Schritt. Hier ist die Zusammenarbeit mit den Managern der Geschäftsbereiche wichtig, um zu beleuchten, warum bestimmte Probleme auftreten, und um Kontrollen zur Verringerung des Datenrisikos anhand von Verhaltensweisen, die als riskant eingestuft werden würden, zu etablieren.

(6) Im sechsten Schritt folgen **Mitarbeiterschulungen** und falls notwendig die kontinuierliche Anleitung und Beratung. Die Sensibilisierung der Mitarbeiter ist besonders wichtig, da 43 % der Datenverluste interner Natur sind. Mitarbeiter erkennen oftmals nicht, dass ihre Handlungen zu Datenverlusten führen können. Fortschrittliche DLP-Lösungen (z. B. eine DLP-Software) informieren Mitarbeiter über eine Datennutzung, die gegen die Unternehmensrichtlinien verstößt oder blockieren die Aktion des Mitarbeiters.

(7) Abschließend erfolgt der **Rollout** des DLP-Frameworks. Dieser siebte Schritt beinhaltet die DLP-Lösungen, konzentriert sich aber unter Umständen nur auf die Sicherung einer Teilmenge der kritischsten Daten. Es gibt sehr viele verschiedene Data-Leakage-Prevention-Lösungen im Gegensatz zu den Verfahren. Im folgenden Abschnitt werden einige Lösungen erläutert. Zusammengefasst ist ein DLP-Verfahren die Grundlage für die Implementierung von DLP-Lösungen.

DLP-Herausforderungen in Zeiten von Corona

Das folgende Kapitel bietet eine Übersicht über die Data-Leakage-Prevention-Herausforderungen, die durch die Corona-Pandemie im März 2020 entstanden sind. Die Herausforderungen werden in folgende drei Kategorien unterteilt: Risiken im Homeoffice, Risikofaktor Mitarbeiter/Beschäftigte und IT-infrastrukturelle Risiken. Die Unterkapitel werden technische und organisatorische Schnittstellen aufweisen, da diese voneinander abhängen.

Risiken im Homeoffice

Corona hat nahezu alle Erwerbstätigen, welche von der Arbeitsaufgabe her im Homeoffice arbeiten können, in kurzer Zeit unter Zwang ins Homeoffice geschickt. Durch diese neue Regelung gab es im Jahr 2020 viele neue Herausforderungen in dem Bereich der IT-Sicherheit. Innerhalb von kürzester Zeit musste neue Hardware angeschafft werden, um weiterhin auch im Homeoffice hinreichend mit Unternehmens-Hardware ausgestattet zu sein. Ferner musste das unternehmensinterne Netzwerk ebenfalls ausgeweitet werden. Des Weiteren mussten **neue Richtlinien und Policies** für das Remote-Arbeiten aufgestellt werden. Die größten Datenlecks und Risiken im Homeoffice zum Corona-Start waren das **Netzwerk** und die **Hardwareanschaffung**.[152]

Viele Unternehmen waren aus Sicherheitsgründen gezwungen Virtual Private Network(VPN)-Dienste in Anspruch zu nehmen, um ein kontrolliertes Netzwerk zu erschaffen. Wenn Mitarbeiter im Homeoffice in ihrem eigenen privaten Netzwerk arbeiten, sind sie dem Internet und dessen Gefahren ausgesetzt. Es können z. B. Websites besucht werden, die nicht erst durch die Kontrolle einer Firewall müssen. Zudem könnten im Homeoffice unsichere Seiten (http://) aufgerufen werden, die evtl. Schadware beinhalten. Des Weiteren ist es Mitarbeitern möglich, selbst und unkontrolliert Software und Dateien herunterzuladen. In einem VPN oder in dem internen Netzwerk der Organisation vor Ort werden diese Aktionen geprüft und geblockt. In den meisten Fällen werden Software und Download-Anfragen bei der IT-Abteilung geprüft. Der Download ist in einem solchen Fall nur mit einem Admin-PW möglich. Warum genau ein VPN Datenlecks schließt, wird im folgenden Abschnitt erläutert.

Ein weiteres Risiko im Homeoffice ist, dass es ungewollt **Fremde Zu- bzw. Mithörer** geben könnte. Diese Zuhörer könnten Nachbarn, Mitbewohner oder Techniker sein. Es gibt auch unauffälligere Mithörer, wie

---

[152] Vgl. BSI (b) (2020), Seite 33 ff.

z. B. das private Smartphone oder auch Alexa. Durch das fremde Mithören von unternehmensrelevanten Gesprächen können Daten aus einem Unternehmen abfließen und ungewollt weitergegeben werden. Ein Beispiel dazu: Ein Marketing-Leiter arbeitet bei einem IT-Dienstleister und bekommt mit, dass die Server des Unternehmens, welches Server für einen großen, internationalen Konzern hostet, gehackt wurden. Dieser Mitarbeiter sitzt im Garten mit seinem Laptop und telefoniert mit seiner Lautsprecher-Funktion über die Thematik mit seinem Arbeitskollegen. Ein Nachbar im Garten hört, dass die gehosteten Server des internationalen Konzerns gehackt wurden und gibt diese Information weiter, so dass sie in die Presse gelangt. Diese ursprünglich interne Information war streng geheim und sollte auf jeden Fall im Unternehmen bleiben. Das Beispiel verdeutlicht, dass die Weitergabe von Daten und Informationen von Mitarbeiten meist ungewollt und unbewusst passiert. Durch diese fahrlässige Aktivität im Garten bzw. Homeoffice hat der IT-Dienstleister einen Ruf-Schaden erlitten. Eine Lösung zu diesem Risiko wird in den folgenden Abschnitten vorgeschlagen.

Es gibt nicht nur fremde Zuhörer im Homeoffice, sondern auch **fremde „Zuschauer"**, die ohne Probleme auf die Monitore schauen könnten. Die Displays im Homeoffice visualisieren Daten und Informationen und sind im Gegensatz zum gesprochenen Wort leicht einsehbar. Daneben stellt die Hardware ein weiteres Risiko dar. Die meisten Mitarbeiter haben zu Beginn der Pandemie ihre **privaten Monitore, USB-Sticks, Headsets, Drucker, Tastatur und weitere Peripherie-Geräte** genutzt. Nach einer Studie vom Institut für Sozialforschung (IFES) aus dem April 2020 wurde festgestellt, dass durchschnittlich über 50 % der Mitarbeiter im Homeoffice mit privaten Peripherie-Geräten arbeiten. 84 % der Mitarbeiter dieser Studie drucken mit ihren privaten Druckern.[153]

---

[153] Vgl. Gogola (2020)

Doch worin besteht das Problem, seinen eigenen Drucker an seinem Arbeitsgerät anzuschließen? Ein W-LAN Drucker muss erst einmal die Anforderungen der Firewall-Anforderungen erfüllen, falls es ein VPN gibt, um überhaupt ins Netzwerk zu gelangen. Zudem muss der Drucker meist von der IT-Abteilung freigeschaltet werden, damit der notwendige Treiber installiert werden kann. Durch diese Freigaben entstehen neue Sicherheitslücken, vor allem durch das **Herunterladen von EXE-Dateien (ausführbaren Dateien)**. EXE-Dateien sind leichte Beute für Hacker. Treiber und Software, die unternehmensweit eingesetzt werden, werden in der Regel kontrolliert und gesichert durch eine verschlüsselte Konsole verteilt. In diesem Fall würde der Treiber des privaten Druckers nicht in der Software-Konsole verschlüsselt paketiert werden. Ebenfalls sind private Drucker häufig nicht verschlüsselt und erfüllen nicht die Anforderungen des Datenschutzes und der Dokumentensicherheit. Unternehmen bestehen zum größten Teil nicht nur aus einer Person, die den privaten Drucker angeschlossen haben möchte, sondern aus 100+ Mitarbeitern. Das heißt, dass das Risiko * der Anzahl der Beschäftigten gerechnet werden kann. Durch die Homeoffice-Situation könnten Mitarbeiter auch dazu neigen, bei ihren Nachbarn und Freunden zu drucken, da sie evtl. keinen Drucker besitzen. In diesem Fall gibt es wieder fremde Geräte und Zuschauer. Lösungsansätze werden in der Folge dargestellt.

Ein weiteres Risiko im Homeoffice ist der **Diebstahl** von Hardware. Besonders anfällig ist Hardware-Diebstahl, wenn Mitarbeiter nicht nur von zu Hause arbeiten, sondern von überall, ob im Urlaub, im Café oder im Park.

Risikofaktor Mitarbeiter/Beschäftigte

Die möglichen Risiken, welche durch Mitarbeiter im Homeoffice auftreten können, umfassen **unbekannte Verhaltensweisen, neue Richtlinien und neue Prozesse**. Diese drei Risiken haben eine Auswirkung auf die Datenhaltung und auf die Datensicherheit. Bei der Arbeit im Homeoffice sind Beschäftigte den größten Teil der Zeit auf sich selbst gestellt. Die Risiken für die Datensicherheit im Homeoffice sind größer als am Arbeitsplatz in der Firma.[154]

Die **unbekannten Verhaltensweisen** beschäftigen sich mit der interaktiven Cyber-Sicherheitslage zwischen Menschen bzw. Mitarbeitern einer Organisation. Laut dem Bundesamt für Sicherheit in der IT hat sich die Anzahl der Datenlecks seit der Umstellung ins Homeoffice drastisch erhöht. Auch Social-Engineering-Angriffe haben sich während der Covid-19-Pandemie stark erhöht. Digitale Lösungen waren das Mittel, um zu kommunizieren, sich selbst zu identifizieren/verifizieren und um Geschäftsprozesse umzusetzen. Ein Beispiel hierzu: Es wurden weiterhin in der Pandemie neue Mitarbeiter eingestellt, die „alte" Mitarbeiter, logischerweise, persönlich nicht kannten. Durch diese Situation ist Social Engineering und Phishing für Hacker einfacher geworden. Im Grunde genommen reichte eine digitale Authentifikation während der Pandemie aus, um an Unternehmensdaten zu kommen. Der Digitalisierungsschub hat die Angriffsfläche „Mitarbeiter" stark vergrößert.[155]

Um das Risiko „Mitarbeiter" bewusster zu machen: 2019, im Jahr vor der Pandemie, wurden 770.000 E-Mails mit Schadprogrammen in den deutschen Regierungsnetzen entdeckt. Im Jahr 2020 ist die Zahl der bösartigen Mails auf 4,2 Mio. gestiegen. Zudem ist die Anzahl der Schadprogramm-Varianten zwischen 2019 und 2020 um 3,4 Mio. gestiegen.[156]

Zu Beginn der Pandemie stellten auch die **neuen Richtlinien und neuen Prozesse** ein Risiko dar. Neue Richtlinien und Prozesse mussten in kürzester Zeit festgelegt, dokumentiert, umgesetzt und gelebt werden. Das Risiko hier besteht darin, dass die Mitarbeiter keinen Orientierungspunkt

---

[154] Vgl. Dehler (2021)
[155] Vgl. BSI (b) (2020), Seite 33
[156] Vgl. BSI (2019), Seite 34 ff.

IT-Sicherheitsherausforderungen in Zeiten von Corona: Data-Leakage-Prevention

im Homeoffice hatten. Ohne Richtlinien und Prozesse agiert der Mitarbeiter in den meisten Fällen unsicher, bspw. könnten Prozesse und Richtlinien folgende Fragen beantworten:

- Welche Geräte darf ich an mein Notebook zu Hause anschließen?
- Kann ich mein Privatgerät an meinem Laptop mit Strom versorgen?
- Muss ich mein Notebook zu Hause auch sperren, wenn ich nicht mehr im Raum bin?
- Wen kontaktiere ich, wenn ich merkwürdige E-Mails und Anrufe erhalte?
- Darf ich Software selbstständig herunterladen, die ich zum Arbeiten benötige?
- Wer ist der Mitarbeiter XY und darf ich ihm Daten weiterleiten?
- Und viele weitere derartige Fragen

Im Folgenden sind zusätzliche organisatorische Sicherheitsmaßnahmen aufgelistet, die während der Corona-Pandemie umgesetzt worden sind, sowie die Maßnahmen, die noch in Planung sind:

- Mitarbeitersensibilisierung (*24 % der Unternehmen setzen um oder planen diese Maßnahme in der Corona Krise*)
- Notfallmanagement (*26 % der Unternehmen setzen um oder planen diese Maßnahme in der Corona Krise*)
- IT-Sicherheitsstrategie (*21 % der Unternehmen setzen um oder planen diese Maßnahme in der Corona Krise*)
- Etablierung eines Informationssicherheitsbeauftragten (*19 % der Unternehmen setzen um oder planen diese Maßnahme in der Corona Krise*)
- Regelmäßige Notfallübungen (*20 % der Unternehmen setzen um oder planen diese Maßnahme in der Corona Krise*)

- Aufbau einer IT-Sicherheit Abteilung (**12 %** der Unternehmen setzen um oder planen diese Maßnahme in der Corona Krise)
- Neueinstellungen von Personal im Bereich IT-Sicherheit (**13 %** der Unternehmen setzen um oder planen diese Maßnahme in der Corona Krise)[157]

Zusammengefasst nimmt der Risikofaktor „Mitarbeiter" eine bedeutsame Rolle bei dem Thema DLP ein. Ohne die korrekte Verhaltensweise der Beschäftigten kann eine technische DLP-Lösung keine Datensicherheit garantieren.

IT-infrastrukturelle Risiken

Die IT-infrastrukturellen Risiken befassen sich mit dem Ausbau der Netzwerke und der Anschaffung von Hardware. Durch die Corona-Pandemie wurden viel mehr Geräte gebraucht, um Herausforderungen, die in dem vorherigen Abschnitt benannt wurden, zu begegnen. Durch die hohe Anzahl von Anfragen für Laptops, Monitore, Headsets, Smartphones etc. kam es zu sehr langen Wartezeiten. Somit waren die meisten Beschäftigten erstmal dazu gezwungen, mit ihren Privat-Geräten zu arbeiten. Weitere Probleme in der IT-Infrastruktur liegen in dem Erweitern des Produkt-Portfolios und dem Anpassen der Produktanforderungen, da die Mitarbeiter anfänglich Privatgeräte im Einsatz hatten bzw. haben. Das Risiko der Privatgeräte wurde bereits oben angeschnitten. Durch die Nutzung dieser Geräte ist es einfacher, unkontrolliert Daten weiterzugeben. Des Weiteren ist es einfacher Privatgeräte, Systeme und Netze zu hacken.

Zudem gibt es durch die Homeoffice-Regelung **mehr Datenflüsse in der Infrastruktur**, ob in einer geschützten oder gezwungenen, unkontrollierten Umgebung. Das digitale Arbeiten im Homeoffice führt zu mehr

---

[157] Vgl. BSI (a) (2020)

IT-Sicherheitsherausforderungen in Zeiten von Corona: Data-Leakage-Prevention

Digitalisierung und somit zu einer gesteigerten Zahl von Daten und Datenflüssen.

Ein abstraktes Beispiel hierfür:

Vor der Corona-Pandemie waren alle Mitarbeiter in einem Gebäude. Es war möglich, seine Kollegen face to face nach Informationen zu fragen. Ebenso war es möglich, mit dieser Information zum Vorgesetzten zu gehen, um dort wiederum Feedback einzuholen. Anschließend sitzen ein paar zusammen in der Kantine und tauschen sich über das Feedback aus. Nach dem Austausch setzt sich der Mitarbeiter an seinen Rechner und legt die Informationen auf seinem verschlüsselten Laufwerk ab (entspricht einem Datenfluss).

Nach dem Ausbruch von Corona sind alle Mitarbeiter verstreut an verschiedenen Standorten. Durch die aufgestellte Infrastruktur ist es möglich, weiterhin zu kommunizieren. Ein Mitarbeiter verschickt nun eine E-Mail an zwei Kollegen, um Informationen zu erfragen. Einer davon ist sich unsicher und leitet diese E-Mail wiederum weiter. Anschließend schreiben diese Kollegen in einem Chat. Mit dieser Information ruft der Mitarbeiter seinen Chef an, der gerade nicht zu erreichen ist. Also legt er ein Word Dokument auf einer webbasierten Ablage an, die für alle im Unternehmen zugänglich ist und schickt via E-Mail seinem Vorgesetzten den Link zum Dokument (entspricht sechs Datenflüssen).

In der nachstehenden Abbildung ist das Beispiel visualisiert. Das große Gebäude rechts stellt das Unternehmen dar. Hier befinden sich alle Daten und Informationen vor der Corona-Pandemie. Es gibt keine externen Datenflüsse, die kontrolliert werden müssen. Die Häuser links stellen die neue Situation dar und einige Datenflüsse, die häufig entstehen.

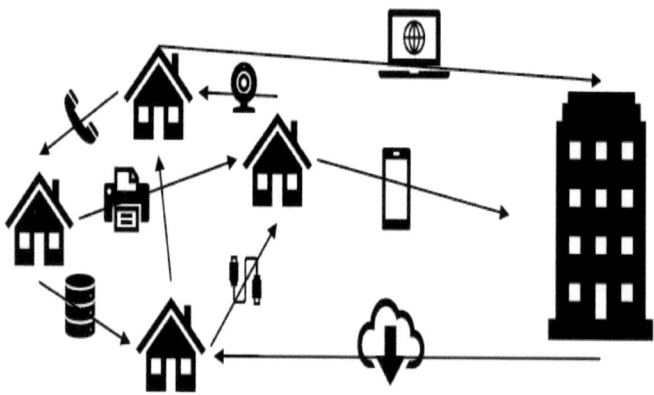

Abbildung 15: Datenflüsse nach Corona (eigene Darstellung)

Die Datensicherheit wird durch die Vielzahl von Datenflüssen immer wichtiger in der IT-Infrastruktur. Im gleichen Zuge mussten mehr VPN-Lizenzen gekauft werden. Nebenbei musste das Netzwerk ausgeweitet werden. Es kostet Zeit ein VPN aufzubauen. Die Unternehmen, welche noch kein VPN im Einsatz hatten, mussten also auch zwangsweise im privaten Netz arbeiten, das mit hoher Wahrscheinlichkeit mehr Datenlecks hat als das interne Unternehmensnetzwerk. Die Homeoffice-Risiken hängen mit den IT-infrastrukturellen Risiken stark zusammen.

Zusammengefasst beschäftigen sich die IT-infrastrukturellen Risiken, ähnlich wie bei den Homeoffice-Risiken, mit den Datenlecks im Netzwerk und den anfallenden Datenflüssen in der Infrastruktur, die kontrolliert werden müssen.

DLP-Lösungen

Das folgende Kapitel erläutert einige Lösungsansätze zu den vorher beschriebenen DLP-Herausforderungen. Die Lösungen werden nachstehend in zwei Kategorien kurzgefasst dargestellt. Dabei werden die Ansätze in technische und organisatorische Lösungen unterteilt.

Technische Lösungen

Die in den vorherigen Abschnitten ermittelten technischen Herausforderungen im Rahmen der Mitarbeiter, der Homeoffice-Regelung und der IT-Infrastruktur lauten wie folgt:

- Das (eigene) Netzwerk
- Die Hardware-Anschaffung
- Die private Nutzung von Hardware
- Das eigenständige Herunterladen von Dateien
- Die vermehrten Datenflüsse in der Infrastruktur
- Der Diebstahl von Hardware

Hinsichtlich eines geschützten und kontrollierten Netzwerks stellt der Einsatz eines VPN einen Lösungsansatz dar. Die Arbeit über das VPN im jeweiligen internen Unternehmensnetzwerk ermöglicht es, Datenströme zu filtern und zu schützen. Außerdem bietet das Nutzen eines VPN bietet eine Überwachungsmöglichkeit und die Steuerung von Aktivitäten. Es können zudem Firewalls und Demilitarized Zones (DMZ) in dem VPN als Gateway dienen, die zusätzlich durch Algorithmen und Regeln die Datenflüsse selbstständig kontrollieren. Somit wird ein großer Schutz geboten. In der folgenden Abbildung ist ein Pop-Up zu sehen, in dem der Anwender informiert wird, dass eine Seite im Netz gefährlich sein könnte.

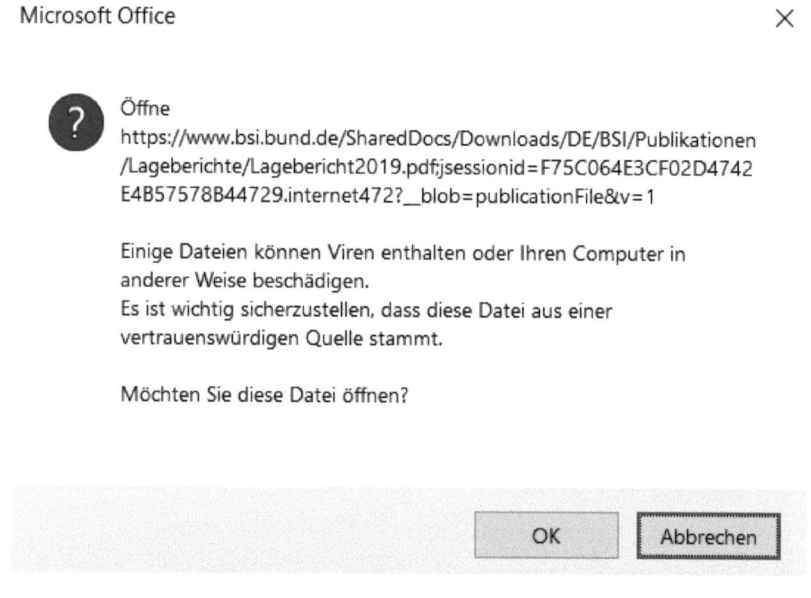

Abbildung 16: DLP-Warnung (eigene Darstellung)

Die Hardware-Anschaffung war ohne frühzeitige Ankündigung vor der Corona-Pandemie nicht möglich. Als Lösung können sich Unternehmen an einem ausreichenden Bestand orientieren, der ebenfalls das Risiko der Nutzung von Privatgeräten ausschließt. Eine weitere Lösung für die unzureichende Hardware für Mitarbeiter im Homeoffice könnte die Bereitstellung von virtuellen Desktop Infrastrukturen (VDI) sein. Der Vorteil einer VDI besteht in der Datensicherheit. Hierbei werden alle Daten direkt auf dem Server gespeichert, der dann auch notwendige Sicherheitskopien anfertigt. Eine VDI ist im Grunde genommen ein virtueller Arbeitsplatz unabhängig vom Arbeitsgerät. Der Monitor, die Tastatur, die Maus und so weiter werden direkt von der Software auf dem Server bedient. Einer der größten Vorteile einer VDI sind aber die Reduzierung der potenziellen Gefahren und Datenlecks. Computerviren können nicht mehr bewusst oder unbewusst durch die einzelnen Benutzer in das System eingeschleust werden, da nicht mehr auf lokale Daten zugegriffen werden kann. Zudem hat der Benutzer keine Möglichkeit mehr, eigene Software zu installieren. Wichtige Daten sind somit nicht mehr unnötigen Gefahren ausgesetzt.[158] Dementsprechend würden die VDI das Risiko des eigenständigen Herunterladens von Dateien verringern. Die Planung der Datensicherheit beschränkt sich in einer VDI ausschließlich auf den Server. Außerdem verhindern eine zentrale Software-Verteilung und eine zentrale Lizenzverwaltung das Risiko des eigenständigen Herunterladens von bspw. Software aus dem Internet. Ein Download kann auch durch Policies verhindert werden, indem eine Admin-Berechtigung notwendig ist für das Herunterladen aus dem WWW.

Darüber hinaus ist ein Lösungsansatz für die Steigerung der Sicherheit der Datenflüsse bzw. Datenströme die Kontrolle dieser mit Identitätsmanagement, Monitoring, Verschlüsselung sowie die Anwendung der Zugriffskontrolle, bspw. der Rechte- und die Rollenverteilung auf Fileservern oder Datenbanken. Die Kontrolle der Datenströme sollte zentral angesetzt werden. Zudem sollten die Mitarbeiter nur Zugriff auf Daten haben, die diese wirklich für ihre Tätigkeiten benötigen.[159]

Durch die erhöhten Datenflüsse ist es umso wichtiger geworden, sensible Dokumente zu labeln oder auch mit einem Passwort zu schützen. Ein Beispiel für das Labeln von Dokumenten ist Azure Information Protection (AIP). AIP ist eine cloudbasierte Lösung, die Organisationen das Kategorisieren und Schützen von Dokumenten und E-Mails durch die Anwendung von Bezeichnungen ermöglicht. Durch AIP ist es möglich, Datenflüsse zu analysieren, um riskante Verhaltensweisen zu erkennen. Ebenso ist es möglich, den Dokumentenzugriff zu verfolgen, um Datenlecks und Datenmissbrauch abzublocken.[160]

---

[158] Vgl. Birgelen (2020)
[159] Vgl. Lenhard (2020), Seite 110
[160] Vgl. Microsoft (2020)

Zudem kann der Datenverlust und der Datenabfluss durch Diebstahl durch Clouddienste und Trusted-Platform-Module-Chips (TPM) verhindert werden. Clouddienste ermöglichen das Speichern von Daten unabhängig vom Gerät. Hierzu wird „nur" ein Account benötigt. Ein TPM-Chip schützt und verschlüsselt Daten und Informationen auf einem Gerät und schützt das Gerät somit vor ungewollter Manipulation und erhöht die Sicherheit. Des Weiteren schützt auch der Bitlocker die Hardware mit der Festplattenverschlüsselung.

Ferner stehen Data-Loss-Prevention-Tools zur Verfügung. Ein DLP-System überprüft bei der Verarbeitung sensibler Daten ständig, ob der Umgang sowie deren Verarbeitung und Weiterleitung den gesetzten Sicherheitsrichtlinien entspricht. Data-Leakage-Prevention-Produkte spielen eine immer größere Rolle im Zuge der Pandemie und der Digitalisierung. Die Datenbewegungen und der Datentransfer sind schwieriger zu kontrollieren. Dabei wächst die Anzahl der (mobilen) Endgeräte sowie die Vielzahl der Schnittstellen (USB, Bluetooth, WLAN etc.). Ein DLP-Produkt kann den Einsatz von beliebigen USB-Sticks unterbinden. In diesem Fall lassen sich Daten nur auf unternehmenseigene, registrierte Sticks kopieren und gegebenenfalls nur an Rechnern lesen, die von der DLP-Lösung geschützt werden.[161]

Folgend sind die führenden Datensicherheitslösungen im Data-Leakage-Prevention-Bereich in Deutschland aufgelistet:

- WatchGuard
- Forcepoint
- McAfee
- DriveLock
- Matrix42
- IBM
- Microsoft

---

[161] Vgl. Fach (2020)

IT-Sicherheitsherausforderungen in Zeiten von Corona: Data-Leakage-Prevention

- Trend Micro
- Zscaler
- Absolute Software
- CoSoSys
- Varonis
- itWatch[162]

Zusammengefasst gibt es viele verschiedene technische Lösungen und Wege, die es ermöglichen Datenlecks zu schließen. Ob es Einzellösungen sind wie die E-Mail-Verschlüsselung, AIP, TPM und VPN oder eine gebündelte Lösung über ein DLP-Produkt wie in der obigen Abbildung.

Organisatorische Lösungen

Technische DLP-Lösungen können Datenlecks sehr gut schließen, aber ohne organisatorisch-orientierte Lösungen können technische Lösungen auch keine komplette Sicherheit gewähren. Wenn zum Beispiel geheime Dokumente zu Hause im Papiermüll enden, hilft die beste technische Lösung nicht. Daher müssen Mitarbeiter als Organisation mit in die Sicherheitsbetrachtungen einbezogen werden, um die Gefahren verstehen zu können. Damit Datenlecks mit Sicherheit geschlossen werden können, wird ein Sicherheitskonzept für die jeweilige Organisation benötigt, das auch organisatorische Maßnahmen erfordert und beinhaltet.[163] Die ermittelten organisatorischen Herausforderungen im Rahmen der Mitarbeiter, der Homeoffice-Regelung und der IT-Infrastruktur lauten wie folgt:

- Neue Richtlinien und Policies
- Neue Verhaltensweisen und Prozesse
- Fremde Zuhörer
- Fremde Zuschauer

---

[162] Vgl. ISG (2020)
[163] Vgl. Lenhard (2020), Seite 109

Als klassische Lösung im organisatorischen DLP-Bereich ist es wichtig, dass Mitarbeiter regelmäßig geschult und sensibilisiert werden. Durch die Mitarbeitersensibilisierung ist es möglich, die Erfolgswahrscheinlichkeit einer Phishing-E-Mail oder eines Social Engineering Anrufes zu verringern. Um das Risiko eines bewussten Datenabflusses zu minimieren, ist es auch während der Pandemie notwendig, dass Mitarbeiter sich kennen. Nur so sind Absender und Empfänger von E-Mails, Chat und Anrufen zu verifizieren. Durch die Homeoffice-Regelung ist das persönliche Kennenlernen von neuen Mitarbeitern nicht realisierbar, dennoch gibt es Kommunikationsplattformen mit Video, um einen neuen Mitarbeiter vorzustellen/zu verifizieren. Unter anderem gibt es die Multifaktor-Authentifizierung, die Mitarbeiter vor dem Angriff falscher Identitäten schützt.

Es ist von Bedeutung, dass Prozesse und Verhaltensweisen bzgl. der Datensicherheit umgesetzt werden, um Datenlecks, wie oben beschrieben, zu schließen. Prozesse, Verhaltensweisen und Regeln sollten in bekannten Richtlinien und Policies zusammengefasst werden sowie die Regeln für den Umgang mit Daten- und IT-Systemen im Unternehmen. Richtlinien sind auf Mitarbeiter, Computer und Server anwendbar. Das heißt, dass Mitarbeiter zum Beispiel die Datensicherheitsrichtlinie unterschreiben, die besagt, dass keine private E-Mail-Adresse bei der Arbeit zu verwenden ist. Dem Exchange-Server wird diese Regel ebenfalls mitgegeben und es werden nur bestimmte Domains freigeschaltet. Ein weiteres Beispiel ist die Regel der Passwort-Änderung. Mitarbeiter werden verpflichtet das PW alle 60 Tage zu ändern und der Computer bekommt ebenso die Regel eine PW-Änderung nach 60 Tagen anzufordern. Um einen Datenabfluss zu minimieren, spielt hierbei auch die PW-Länge und -Inhalt eine Rolle. Als Lösung bekommen Mensch, Computer und Server eine Policy, die besagt, dass Simple-Passwörter blockiert werden. Ferner erhält der Server die Anforderungen an das PW und kontrolliert die Eingaben des Mitarbeiters.

Das Risiko der fremden Zuhörer und fremden Zuschauer beim Remote-Arbeiten lässt sich im ersten Schritt durch einen Display-Schutz und ein Headset verringern. Zudem sollten private Geräte im Arbeitsbereich ausgeschaltet werden, da eine Siri, Alexa oder Google-Home-Box genauso mithören könnten wie Mitbewohner, Nachbarn etc.

Fazit und Ausblick

Im Rahmen dieser Forschungsarbeit wurden Data-Leakage-Prevention-Herausforderungen recherchiert und definiert, um Data-Leakage-Prevention-Möglichkeiten zu analysieren. Einige Risiken sowie Lösungsansätze wurden ermittelt. So ergeben sich wesentliche Datensicherheitsprobleme und -Risiken im Homeoffice im Zuge der Corona-Pandemie.

Die DLP-Grundlage bildet die transparente Kommunikation der organisatorischen Lösungsansätze. Klare und verbindliche IT-Sicherheitsregelungen müssen offen und oft kommuniziert werden, um die grundlegende Datensicherheit zu gewährleisten. Die organisatorischen Lösungen werden von den technischen Ansätzen stark unterstützt, vor allem bei der entstandenen Homeoffice-Reglung.

Ausblickend finde ich das Thema Screenshots und Abfotografieren von unternehmenskritischen Daten interessant. Wie ist es möglich, Daten vor Aufnahmen einer Kamera und einer Aufnahme-Software anhand einer technischen Lösung zu schützen?

Zusammengefasst wächst die Bedeutung von Data-Leakage-Prevention und sollte bewusster wahrgenommen werden, da die Auswirkungen nicht immer sofort merkbar sind.

Verwendete Literatur

Birgelen, Dominic (07. 2020): Wirtschaftliche Vorteile einer VDI für Ihr Unternehmen. In: Oneclick. Accessing the unlimited. Blog. Online unter: https://oneclick-cloud.com/de/blog/trends/vorteile-einer-vdi-virtual-desktop-infrastructure/ [zuletzt abgerufen am 10.08.2021]

BSI (2019): Die Lage der IT-Sicherheit in Deutschland 2019. In: Bundesamt für Sicherheit in der Informationstechnik. Online unter: https://www.bsi.bund.de/SharedDocs/Downloads/DE/BSI/Publikationen/Lageberichte/Lagebericht2019.pdf;jsessionid=F75C064E3CF02D4742E4B57578B44729.internet472?__blob=publicationFile&v=1 [zuletzt abgerufen am 10.08.2021]

BSI (a) (2020): IT-Sicherheit im Home-Office im Jahr 2020. Unter besonderer Berücksichtigung der Covid-19-Pandemie. In: Bundesamt für Sicherheit in der Informationstechnik. Online unter https://www.bsi.bund.de/DE/Themen/Unternehmen-und-Organisationen/Cyber-Sicherheitslage/Lageberichte/Cyber-Sicherheitsumfrage/IT-Sicherheit_im_Home-Office/it-sicherheit_im_home-office_node.html [zuletzt abgerufen am 10.08.2021]

BSI (b) (2020): Die Lage der IT-Sicherheit in Deutschland 2020. In: Bundesamt für Sicherheit in der Informationstechnik. Deutschland. Digital. Sicher. BSI. Online unter: https://www.bsi.bund.de/SharedDocs/Downloads/DE/BSI/Publikationen/Lageberichte/Lagebericht2020.pdf;jsessionid=F75C064E3CF02D4742E4B57578B44729.internet472?__blob=publicationFile&v=1

Brandt, Mathias (06.2017): Data Breach. Der Preis der verlorenen Daten. In: Statista. Unter: Internetkriminalität weltweit. Online unter: https://de.statista.com/infografik/9914/durchschnittliche-kosten-je-datenpanne/ [zuletzt abgerufen am 10.08.2021]

Conrad, Isabell (12.2011): Einsatz von Data-Loss-Prevention-Systemen im Unternehmen. Geheimnis-, Konkurrenz- und Datenschutz in Zeiten von „Consumerization" und „Bring Your Own Device". In: Computer und Recht. Unter: Medienrecht. Band 12. Heft 12. Online unter:

https://doi.org/10.9785/ovs-cr-2011-797 [zuletzt abgerufen am 10.08.2021]

Dehler, Thomas (2021): Datensicherheit im Homeoffice: Gefahren und Maßnahmen. In: Trusted Secure Desktop. Blog. https://www.datenschutz-im-homeoffice.de/datensicherheit-im-home-office/ [zuletzt abgerufen am 10.08.2021]

Digital Engineering Magazin (07.09.2020): Besonders in Zeiten von Homeoffice: IT-Sicherheit muss gesichert werden. Hardware und IT. In: Digital Engineering Magazin. Lösungen für Konstrukteure, Entwickler und Ingenieure. Online unter: https://www.digital-engineering-magazin.de/besonders-in-zeiten-von-homeoffice-it-sicherheit-muss-gesichert-sein/ [zuletzt abgerufen am 10.08.2021]

Fach, Sabine (02.03.2017): Die häufigsten Ursachen für Datenverlust. In: Endpoint Protector. Blog. Online unter: https://www.endpointprotector.de/blog/die-haeufigsten-ursachen-fuer-datenverlust/ [zuletzt abgerufen am 10.02.2022]

Fach, Sabine (09.2020): Data Governance in Homeoffice-Zeiten. In: Endpoint Protector. Blog. Online unter: https://www.endpointprotector.de/blog/data-governance-in-homeoffice-zeiten/ [zuletzt abgerufen am 10.08.2021

Gogola, Michael (06.2020): Plötzlich im Homeoffice: Chancen, Risiken und Reglungsbedarf. In: A&W Blog. Newsletter. Online unter: https://awblog.at/ploetzlich-im-homeoffice/ [zuletzt abgerufen am 10.08.2021]

Hauer, Barbara (2017): DLP und ILP im Anwendungsbereich der Informationssicherheit. Hochschulschrift der Universität Linz. Online unter: https://epub.jku.at/obvulihs/content/titleinfo/2273043

ISG (2020): Cyber Security-Solutions and Services. Germany 2020. ISG Provider Lens Quadrant Report. Online unter: https://www.drivelock.de/cyber-security-solutions-services-isg-quadrant-report-2020?utm_campaign=IT+Sicherheit+Unternehmen&utm_me-

dium=ppc&utm_source=adwords&utm_term=%2Bdata%20%2Bloss%20%2Bprevention&hsa_mt=b&hsa_net=adwords&hsa_ver=3&hsa_kw=%2Bdata%20%2Bloss%20%2Bprevention&hsa_acc=3343566604&hsa_grp=110273254227&hsa_tgt=kwd-18948549384&hsa_src=g&hsa_ad=458566845336&hsa_cam=9790659793&gclid=EAIaIQobChMInaLshZrB8AIVB-J3Ch0EOQUjEAMYASAAEgJYi_D_BwE [zuletzt abgerufen am 10.08.2021]

Kroker, Michael (03.2018): 2,5 Trillionen Bytes Daten pro Tag erzeugt – Speicherkapazität von 36 Millionen iPads. In: WirtschaftsWoche. Unter: Krokers Look @IT. Neues aus Hightech- und Medienwelt. Online unter: https://blog.wiwo.de/look-at-it/2018/03/21/25-trillionen-bytes-daten-pro-tag-erzeugt-speicherkapazitaet-von-36-millionen-i-pads/#:~:text=Demnach%20werden%20mittlerweile%202%2C5,%2C5%20Quintillion(engl.) [zuletzt abgerufen am 10.08.2021]

Lenhard, Thomas H. (2020): Datensicherheit. Technische und organisatorische Schutzmaßnahmen gegen Datenverlust und Computerkriminalität. 2. Auflage. Springer Vieweg. Veröffentlicht in Wiesbaden.

Marx und Heinrichs (2019): Big Data oder: Viel hilft viel?!. In: Wirtschaftsforum. Wir nehmen Wirtschaft persönlich! Online unter: https://www.wirtschaftsforum.de/expertenwissen/was-ist-denn-data-science/big-data-oder-viel-hilft-viel [zuletzt abgerufen am 10.08.2021]

Microsoft (09.2020): Azure Information Protection (AIP)-Bezeichnung, Klassifizierung und Schutz. In: Dokumentation. Online unter: https://docs.microsoft.com/de-de/azure/information-protection/aip-classification-and-protection [zuletzt abgerufen am 10.08.2021]

Proofpoint (o. J.): Data-Loss-Prevention (DLP). Definition. Glossar. In: proofpoint. Online unter: https://www.proofpoint.com/de/threat-reference/dlp [zuletzt abgerufen am 10.08.2021]

Redaktion ComputerWeekly (08.2013): Data-Loss-Prevention (DLP). Definition. In: ComputerWeekly.de. Online unter: https://www.computerweekly.com/de/definition/Data-Loss-Prevention-DLP [zuletzt abgerufen am 10.08.2021]

RYTEWIKI (o. J.): Data Leakage Prevention. In: RYTEWIKI. Online unter: https://de.ryte.com/wiki/Data_Leakage_Prevention [zuletzt abgerufen am 10.08.2021]

Statista Research Department (24.01.2022): Anteil der im Homeoffice arbeitenden Beschäftigten in Deutschland vor und während der Corona-Pandemie 2020 und 2021. In: Statista. Online unter: https://de.statista.com/statistik/daten/studie/1204173/umfrage/befragung-zur-homeoffice-nutzung-in-der-corona-pandemie/ [zuletzt abgerufen am 10.02.2022]

Digitale Identitäten und deren Entwicklung während der Covid-19 Pandemie

Autor: Daniel Schroeder

Einleitung

Eine Studie der Unternehmen Sailpoint und Tag Cyber unter 262 IT-Managern und -Direktoren von 2021 ergab, dass es in 100 % der Unternehmen der Befragten im vergangenen Jahr IT-Sicherheitsangriffe gab. Bei 83 % der Befragten wurde dabei unautorisiert auf personenbezogene Daten zugegriffen. 75 % gaben an, dass die Angriffe durch die übermäßige Vergabe von Nutzerberechtigungen ermöglicht wurden. Angriffe über inaktive Accounts, welchen Berechtigungen nicht wieder entzogen wurden, bestätigten 66 % der Befragten. Diese Erkenntnisse zeigen deutlich, dass im Bereich des Identity Management in vielen Unternehmen Handlungsbedarf besteht. In dieser Ausarbeitung wird zunächst das Thema der digitalen Identitäten insgesamt beleuchtet. Dabei werden auch Möglichkeiten aufgezeigt, wie die soeben präsentierten Sicherheitsprobleme verhindert werden könnten und in der Praxis bereits besser umgesetzt werden. Darüber hinaus wird die Entwicklung der Verfahren und Nutzung in Verbindung mit digitalen Identitäten während der Covid-19 Pandemie erläutert.

Digitale Identitäten

Der Begriff der Identität umfasst sämtliche Eigenschaften einer Entität, welche sie von anderen unterscheidet. Zur Feststellung der Identität eines

Menschen werden beispielsweise Name, Geburtsdatum, Geburtsort oder Fingerabdrücke verwendet. Im digitalen Zeitalter sind die Abbildung und der Nachweis von Identitäten relevant, um sicher Geschäfte zu tätigen, zu kommunizieren oder sich aus anderen Gründen als die eigene Person erkenntlich zu geben. Die eigene Identität nachzuweisen, wird als Authentifizierung bezeichnet. Dem angeschlossen ist meist die Autorisierung, durch welche die Erlaubnis oder Verweigerung von Aktionen anhand von Berechtigungen für den identifizierten Nutzer durchgeführt wird. In dieser Arbeit werden jedoch nur Authentifizierungsverfahren in Verbindung mit digitalen Identitäten betrachtet, da dies für die technische Anlage und Nutzung der digitalen Identität relevanter ist. Autorisierung ist lediglich ein Verwendungszweck von bestehenden digitalen Identitäten.

Im folgenden Kapitel werden zunächst verschiedene Authentifizierungsverfahren dargestellt. Darüber hinaus wird die Relevanz von Blockchain-Technologie im Hinblick auf digitale Identitäten erläutert. Um auch auf praktische Beispiele für digitale Identitäten einzugehen, wird ebenfalls auf das Identity Management in Unternehmenssoftware des ERP-Anbieter SAP SE eingegangen und ein EU-Projekt zum Thema „digitale Identität" vorgestellt.

Klassische Authentifizierungsverfahren

Im Folgenden werden einige klassische Authentifizierungsverfahren erläutert, welche teilweise überall im Internet Anwendung finden. Sie sind sowohl in der privaten als auch der geschäftlichen Nutzung des Internets relevant.

Standard-Authentifizierung

Die einfachste Art der Authentifizierung besteht aus der Vergabe und Abfrage einer Nutzerkennung und eines Passworts. Die Nutzerkennung kann sowohl ein selbst gewählter Nutzername, eine E-Mail-Adresse oder eine andere Zeichen- oder Nummernkombination sein. Die Sicherheit dieses Verfahrens hängt insbesondere von der Länge und Beschaffenheit des Passworts ab. Die Verwendung zufällig generierter, längerer Passwörter mit Sonderzeichen erhöht die Sicherheit maßgeblich. Bei der (unbeabsichtigten) Weitergabe von Passwörtern bestehen keine weiteren Sicherheitsmaßnahmen, die unbefugten Zugriff verhindern könnten. Insbesondere gegenüber Keyloggern, einer Art von Schadprogramm, welche Tastaturanschläge auf einem Endgerät mitlesen und dem Angreifer mitteilen, ist die Standard-Authentifizierung äußerst anfällig. Auch die mehrfache Verwendung von Passwörtern, insbesondere in Kombination mit derselben Nutzerkennung birgt erhebliche Sicherheitsrisiken im Falle eines Datenlecks oder Datenbank-Diebstahls, da gestohlene Authentifizierungsdaten anschließend bei anderen Webseiten bzw. Diensten verwendet werden können.

Mehrstufige Authentifizierung

Bei mehrstufigen Verfahren wird der Nutzer während der Authentifizierung zur Durchführung mehrerer Schritte aufgefordert. Dieses Verfahren wird in Kombination mit der Standard-Authentifizierung verwendet. Der weitere Faktor kann beispielsweise der Nachweis über den Besitz eines bestimmten Gegenstands sein. Nach Anmeldung mit dem korrekten Passwort muss ein Nutzer beispielsweise die Anmeldung per App bestätigen oder einen Code angeben, welcher per App, SMS oder Telefonat übermittelt wird. Alternativ können auch biometrische Merkmale, wie ein Fingerabdruck- oder Gesichtsscan genutzt werden. Dies wird in einem der folgenden Abschnitte näher erläutert.[164]

Digitale Signaturen

Verfahren zur digitalen Signatur dienen dazu, die Herkunft und Integrität von Daten nachzuweisen. Dabei handelt es sich nicht um die Verschlüs-

---

[164] vgl. Microsoft (2021)

selung der Inhalte. Zur technischen Umsetzung wird die Public-Key-Infrastruktur (PKI) verwendet. Die Kernbestandteile dieser Infrastruktur sind die Zertifizierungsstelle, sowie von ihr ausgestellte Zertifikate. Grundsätzlich erhält der Netzwerkteilnehmer, welcher ein Dokument/einen Datensatz signieren möchte, eine Schlüsselkombination, bestehend aus einem öffentlichen und einem privaten Schlüssel. Der private Schlüssel darf dabei nicht aus dem öffentlichen ableitbar sein.[165] Zur Umsetzung der digitalen Signatur ist zusätzlich zur PKI eine Hashfunktion notwendig. Durch eine Hashfunktion kann aus einem Datensatz von beliebiger Länge eine Zeichenkombination von bestimmter Länge erstellt werden. Dieselbe Eingabe resultiert immer in derselben Ausgabe des Hashwerts. Zwei verschiedene Eingaben dürfen nie im selben Hashwert resultieren (Hash-Kollision). Somit stellt der Hashwert eine Zusammenfassung des Eingabewertes dar. Aus einem Hashwert kann der Eingabewert nicht herausgefunden werden.[166]

Aus der zu signierenden Nachricht wird zu Beginn der Hashwert generiert. Dieser wird mit dem privaten Schlüssel des Unterzeichners verschlüsselt. Der Empfänger erhält dann neben der eigentlichen Nachricht den verschlüsselten Hashwert, sowie das Zertifikat des Unterzeichners. Der Hashwert wird durch den Empfänger mit dem öffentlichen Schlüssel des Unterzeichners entschlüsselt. Dieselbe Hashfunktion, welche durch den Unterzeichner verwendet wurde, wird nun erneut auf die empfangenen Daten/Dokumente angewendet. Wenn der neu generierte Hashwert mit dem entschlüsselten Wert übereinstimmt, wurden die gesendeten Daten nicht manipuliert und kommen vom Unterzeichner, sofern dieser sein Schlüsselpaar nicht weitergegeben hat. Die Zuordnung eines Schlüsselpaars zu einem Benutzer erfolgt durch die Zertifizierungsstelle.[167]

---

[165] vgl. Kaur, Ravneet/Kaur, Amandeep (2012)
[166] vgl. Kaur, Ravneet/Kaur, Amandeep (2012)
[167] vgl. Kaur, Ravneet/Kaur, Amandeep (2012)

Anwendung findet dieses Verfahren insbesondere im B2B-Bereich und der Kommunikation mit Behörden. Die durchgängige Nutzung von digitalen Signaturen verhindert beispielsweise Fälle von CEO-Betrug (Angreifer gibt sich als Führungspersonal aus und veranlasst z. B. Zahlungen) durch die gesicherte Herkunft von Nachrichten. Auch zur Übermittlung von Dokumenten an Finanzbehörden liefern digitale Signaturen viel Sicherheit. Die Bestätigung der eigenen Identität ist somit auch digital gut möglich und ist nicht nur an die bisher genannten Authentifizierungsmethoden gekoppelt. Die Sicherheit des Verfahrens ist stark von der technischen Aufbewahrung von Schlüsseln abhängig. Wenn Schlüsselpaare mehrfach verwendet werden und nur lokal auf z. B. Heim- oder Arbeitscomputern abgelegt sind, können diese ebenfalls gestohlen und missbraucht werden. Um dies zu erschweren, bieten Microsoft und Apple bereits Programme an, welche Schlüssel und Zertifikate sicher verschlüsselt abspeichern. Falls möglich, sollte die technische Aufbewahrung der Schlüssel auf Hardware-Modulen erfolgen, welche speziell für die sichere Speicherung ausgelegt sind. [168]

Erweiterte Verfahren

In den folgenden Teilkapiteln werden einige aktuellere Authentifizierungsmethoden und Zusammenhänge mit Bezug zu digitalen Identitäten erläutert.

Biometrische Authentifizierung

Menschen nutzen seit tausenden von Jahren Körpermerkmale, wie das Gesicht, die Stimme oder die Gangart, um einander zu identifizieren. In der Kriminalistik wurden seit Ende des 19. Jahrhunderts erstmals Fingerabdrücke auf Karteikarten hinterlegt, um Straftaten damit aufzuklären.

---

[168] vgl. National Cyber Security Centre (2020)

Grundsätzlich kann jede Körpereigenschaft zur Identifikation genutzt werden, sofern sie die folgenden Anforderungen erfüllt:

1. Universalität
   → Jeder (gesunde) Mensch sollte die Eigenschaft haben.
2. Unterscheidbarkeit
   → Verschiedene Menschen können anhand der Eigenschaft hinreichend voneinander unterschieden werden.
3. Permanenz
   → Die Eigenschaft sollte sich über bestimmte Zeiträume nicht unvorhersehbar ändern.
4. Erfassbarkeit
   → Die Eigenschaft muss (quantitativ) messbar sein.

Um ein geeignetes Verfahren darzustellen, müssen auch die folgenden Faktoren berücksichtigt werden:[169]

1. Performanz
   → Akzeptable Geschwindigkeit und Genauigkeit der Erfassung der Eigenschaft.
2. Akzeptanz
   → Grad zu welchem Menschen bereit sind die Eigenschaft alltäglich zur Identifikation zu benutzen.
3. Umgehung
   → Täuschung der Messung sollte nicht zu einfach sein.

Aus diesen Anforderungen stellen die Autoren Jain, Ross und Prabhakar weiterhin die folgenden biometrischen Identifikatoren als eher zur Authentifizierung geeignet heraus:

- DNA
- Gesicht
- Gesichtsthermogramm

---

[169] vgl. Jain, Anil K./ Ross, Arun/Prabhakar, Salil (2004)

- Fingerabdruck
- Handgeometrie
- Handvenen
- Iris
- Geruch
- Handflächenabdruck
- Netzhaut

Für die einfache digitale Erfassung sind hierbei insbesondere die Gesichtsform und der Fingerabdruck geeignet. Somit ist es kaum verwunderlich, dass die Methoden zur Erfassung dieser Eigenschaften seit einigen Jahren in vielen mobilen Endgeräten (Smartphones, Tablets) zur Standardausstattung gehören. Die Probleme zur Messung der sonstigen Eigenschaften liegen insbesondere an fehlender Akzeptanz für die Messmethoden (mangelnde Bequemlichkeit des Verfahrens, etc.). Auch die Kosten für hinreichend genaue Messinstrumente können problematisch sein, insbesondere für die flexible Anwendung durch den Nutzer im eigenen Zuhause oder unterwegs.

Die Verwendung eines Gesichtsscans oder Fingerabdruckscans als zweiter Faktor bei der Authentifizierung wird durch die Hersteller von mobilen Endgeräte für sämtliche App-Entwickler ermöglicht. Apple beispielsweise stellt eine Schnittstelle bereit, welche die Einbindung der Biometrie-Scans weitestgehend selbst übernimmt. Die sensitiven Daten bleiben dabei in einem Hardware- und Software-technisch geschützten Bereich („Secure Enclave") und sind nicht für Dritte einsehbar. (vgl. Apple 2021)

Risikobasierte Authentifizierung

Als weiterer Zusatz zu bekannten Authentifizierungsmaßnahmen kann risikobasierte Authentifizierung durchgeführt werden. Dabei können während der Passworteingabe unter anderem die folgenden Eigenschaften abgeglichen werden.

Anbei steht eine Bewertung hinsichtlich der Qualität zur Erkennung eines Nutzers.

- IP-Adresse (Hoch)
- User Agent (Hoch)
  - Eindeutiger Identifikator eines Nutzers über mehrere Browser hinweg
- Sprache (Hoch)
- Displayauflösung (Hoch)
- Cookies (Sehr hoch)
  - Werden eindeutig pro Nutzer vergeben
- Canvas fingerprinting (Mittel)
  - Techniken, welche durch Abfrage von Betriebssystem, Browser, Grafikkarte und installierten Schriftarten eine probabilistische Nutzeridentifikation ermöglichen
- Maus- und Tastatursteuerung (Mittel)
  - Bewegungsmuster, Tastaturanschläge

Einer Studie des Doktoranden Stephan Wiefling (TH Köln), sowie der Doktoren Luigi Lo Iacono (TH Köln) und Markus Dürmuth (Ruhr Universität Bochum) nach findet diese Methode bereits heute Anwendung bei bekannten Internetdiensten. Unternehmen wie Google, LinkedIn und Facebook haben verschiedene Implementationen und berücksichtigen jeweils verschiedene Eigenschaften. Allgemein werden die verschiedenen Faktoren aller Wahrscheinlichkeit nach in ein Scoring-Modell überführt, um nicht bei kleinsten Änderungen Sicherheitswarnungen zu verursachen. Insbesondere die Veränderung von IP-Adresse sowie der Kombination aus Browsersprache und Systemzeit resultiert fast ausnahmslos in Sicherheitswarnungen, der erneuten Authentifizierung oder Bestätigungs-E-Mails. Auch der User Agent und die Displayauflösung werden bereits berücksichtigt. [170]

---

[170] vgl. Wiefling S./ Lo Iacono L./Dürmuth M. (2019)

Für die Bildung digitaler Identitäten ist dies insofern besonders relevant, da Nutzer identifiziert werden können, ohne sich wissentlich anzumelden. Die Erfassung der Identität des Benutzers gegen dessen Willen wirft aber gewissermaßen ethische und datenschutzrechtliche Fragen auf. Auch als Antwort darauf bietet Apple ihren Nutzern seit 2021 die Option, App-Tracking anhand einiger der genannten Faktoren zu verbieten[171]. Damit soll vermehrt die Privatsphäre der Benutzer geschützt und unerwünschte Datensammlung verhindert werden.

Verhaltensbasierte Authentifizierung

Dieses Verfahren bezieht sich auf spezifische Verhaltensmuster des Nutzers. Mögliche Ansatzpunkte, um Verhaltensmuster zu erfassen werden im Folgenden erläutert und deren Anwendungslimitierung betrachtet.

Gangart

Die Analyse der Gangart kann in verschiedenen Szenarien durchgeführt werden. Einerseits kann eine Person durch Machine Vision, also der Bild- und Videoanalyse durch künstliche Intelligenz, beobachtet werden, um sie zu identifizieren. Als Methode zur Authentifizierung sind hierfür sinnvolle Anwendungsfälle jedoch eher selten zu finden. Stattdessen kann die Gangart eher durch Smartphones und weitere tragbare Geräte, insbesondere Smartwatches analysiert werden. Mobile Authentifikation ist somit der am ehesten realistische Anwendungsfall für die Analyse der Gangart.

Winken mit der Hand

Studien zur Erforschung der Authentifizierung eines Smartphone-Nutzers per Hand-Wink sind beispielsweise 2013 und 2015 veröffentlicht worden. Dabei wurden jedoch Falsch-Positiv-Raten von etwa einem bis

---

[171] vgl. Apple (2021)

fünfzehn Prozent festgestellt worden. Dementsprechend kommt es häufig zu unerwünschten Authentifizierungsläufen. [172]

Tastaturanschlag

Die Prüfung des Tastaturanschlags geschieht in der Praxis parallel zur Eingabe des Passworts. Somit wird die Validierung des Tippmusters als weiteres Kriterium zur korrekten Passworteingabe benutzt. Als Datengrundlage des Tippmusters werden die folgenden Faktoren erfasst:

- Zeit zwischen zwei Tastaturanschlägen
- Zeitdifferenz zwischen Drücken und Loslassen einer Taste
- Fehlerrate: Nutzung der Rücktaste
- Distanz zwischen nacheinander gedrückten virtuellen Knöpfen
- Zeitdifferenz zwischen virtuellen Knopfdrücken

Die letzten beiden Faktoren beziehen sich insbesondere auf die Analyse auf mobilen Endgeräten, besonders Smartphones. Verschiedene Studien ergaben auch bei dieser Technik Falsch-Positiv-Raten zwischen 1,8 und 4,47 %, was durch die Kombination mit der tatsächlichen Passworteingabe jedoch weniger problematisch ist als bei der Authentifizierung per Handbewegung. [173]

Signatur

Bei der digitalen Erfassung einer handschriftlichen Signatur können neben dem Schriftbild auch Informationen zum Schreibverhalten geprüft werden. Sowohl die Geschwindigkeit als auch die Haltung (Winkel des Stifts zum Endgerät) und der Anpressdruck des Stiftes und deren Veränderungen im Laufe der Signatur können geprüft werden. Konsistenz beim Abgeben der Signatur ist hierbei logischerweise äußerst wichtig.

---

[172] vgl. Alzubaidi, A./Kalita, J. (2016)
[173] vgl. Alzubaidi, A./Kalita, J. (2016)

Interaktion mit Touchscreen

Ähnlich zur Analyse der Signatur können allgemeine Bewegungsmuster auf dem Touchscreen, typische Druckstärke oder das Tempo von Steuerungsoperationen analysiert werden.

Sprachverhalten

Zur Prüfung der Sprachverhaltens gehören insbesondere Sprachmuster basierend auf Akzenten, Flexion (Beugung von Worten) und dem kulturellen Hintergrund des Sprechers. Unterschieden wird dabei zwischen textabhängigen und textunabhängigen Faktoren:[174]

- Textabhängig: Der gesprochene Text muss für die Aufnahme in das Spracherkennungs-System und die Authentifizierung derselbe sein.
- Textunabhängig: Es ist ein Teil der Authentifizierung, welcher mit beliebigem Text durchgeführt werden kann.

Über die einzelnen Verfahren hinaus kann das Verhalten der Internetnutzung ebenfalls zur Authentifizierung herangezogen werden. Durch den Browserverlauf oder viel verwendete Apps auf mobilen Geräten lassen sich insbesondere innerhalb eines Netzwerks Personen oder Personengruppen identifizieren.

Digitale Identitäten und Blockchain

Damit digitale Identitäten über verschiedene Organisationen hinweg sicher verwendet werden können, muss die Authentizität der Angaben nachvollzogen werden können. Durch moderne Methoden der Kryptografie kann dies erreicht werden. Als Rahmen für verifizierbare Datenpunkte, deren Verifizierung transparent nachzuvollziehen sein muss,

---

[174] vgl. Alzubaidi, A./Kalita, J. (2016)

kann die Blockchain-Technologie geeignet sein. Um die Chancen, welche Blockchain-Technologie für digitale Identitäten bieten kann, zu beleuchten, wird zunächst das Thema Blockchain selbst kurz erläutert.

Eine Blockchain ist eine verteilte Datenbank, welche auf vielen Netzwerkknoten parallel gespeichert und erweitert wird. Durch die Anwendung kryptografischer Hash-Funktionen (bereits vorher erläutert) werden Transaktionen unveränderlich hinterlegt. Den Namen Blockchain erhält die Datenstruktur daher, dass einzelne Transaktionen und darin enthaltene Datensätze zu Blöcken gepaart werden und dann den daraus entstehenden Hash-Wert in den folgenden Block speichert. Somit verfügt jeder Block über einen Verweis auf den vorherigen Block (→ Verkettung; Chain). Die Kryptowährung „Ethereum" bietet beispielsweise die Möglichkeit, sogenannte Smart Contracts in der Blockchain abzulegen und auszuführen. Dadurch können Programme und Daten dynamisch verwendet werden.

Im einfachsten Fall kann eine Blockchain als Basis für eine Kryptowährung dienen. Durch intelligente Prozesse und die Anwendung moderner Kryptografie lassen sich jedoch auch persönliche Daten mithilfe von Blockchain-Technologie abbilden. Da in einer öffentlichen Blockchain sämtliche enthaltenen Daten für jeden Betrachter ersichtlich sind, sollten und dürfen keine personenbezogenen Daten direkt in der Blockchain gespeichert werden. Stattdessen können jedoch Zertifikate und Signaturen anstelle der eigentlichen Daten verwendet werden, um die Authentizität der Daten zu beweisen.

Das Technologieunternehmen IBM arbeitet an einer Alpha-Version für „IBM Verify Credentials", ein System, welches die digitale Nutzung von Identitäten effizient und kundenzentriert umsetzen soll. Als Infrastruktur-Basis für die dahinterstehende Blockchain soll zumindest teilweise auf die bereits bestehende IBM Cloud-Infrastruktur zurückgegriffen werden. Das Ziel ist, viele verschiedene Arten von Identitätsnachweisen zusammenzufassen und sowohl im digitalen als auch analogen Umfeld verteilte Identitätsnachweise nutzbar zu machen.

IBM weist auf einige Problematiken an der aktuellen Lage hin. Einerseits wird angeführt, dass insbesondere Privatpersonen keine Kontrolle darüber haben, was mit Daten über ihre Identität passiert, nachdem sie Nachweise darüber erbracht haben. Gegen Identitäts- und Datendiebstahl ist dementsprechend kaum etwas zu unternehmen. Auch die Nutzung von Drittanbietern, welche ausschließlich die Prüfung von Identitäten durchführen, etwa als Know-Your-Customer-Dienstleister, ist aus diesem Grund nicht unproblematisch. Aus Unternehmenssicht ist der aktuelle Status ebenfalls nicht ideal, da sowohl die Nutzung der genannten KYC-Provider als auch z. B. die persönliche Prüfung von Ausweisdokumenten kostenintensiv oder ineffizient sein können. [175]

Um diese Probleme zu lösen, sollen Privatpersonen, Unternehmen und weitere (staatliche) Organisationen gemeinsam ein verteiltes Netzwerk nutzen, über welches alle Nutzer in der Lage sind, verifizierte Zertifikate untereinander zu teilen und diese auch wieder zurückzuziehen, beispielsweise, wenn sie ausgelaufen sind. Durch die Nutzung eines Decentralized Identifier (DID) werden Zertifikate mit einer Person oder Organisation assoziiert. Über ein dezentralisiertes Management von kryptografischen Schlüsseln können ausgewählte Informationen mit ausgewählten Parteien geteilt werden. Ein digitaler Personalausweis müsste auch hier durch das Innenministerium (bzw. ein vertretendes Amt) verifiziert werden. Die Verifizierung ist für alle, die ein Zertifikat über den Ausweis erhalten, nachvollziehbar. [176]

Der internationale Reiseverkehr könnte über ein solches System ebenfalls effizienter gestaltet werden. Check-Ins an Flughäfen könnten mit-

---

[175] vgl. IBM (2021)
[176] vgl. IBM (2021) [2], IBM (2021) [3]

tels der dezentralisierten ID in Kombination mit dem Abgleich Biometrischer Daten vor Ort stattfinden. Eine Historie über vergangene Reisen kann so ebenfalls gesammelt werden. Durch die dezentralisierte Datenhaltung könnte sich der Kontroll-Aufwand für Fluggesellschaften und Grenzbehörden reduzieren.

Mögliche Problematiken entstehen jedoch auch bei der Nutzung dieser Technologie. Einerseits wäre der Verlust eines private Key mitunter hochproblematisch, da sämtliche Zertifikate neu beantragt werden müssten. Besonders bei kritischen Daten, wie Patientenakten wäre der Zugriffsverlust auf diese verschlüsselten Daten möglicherweise gefährlich. Auch der Ansatz der Nutzung von Cloud-Infrastruktur für den Betrieb von Blockchain-Technologie ist nicht unumstritten. Der eigentliche Sinn der weiten Verteilung von Knoten ist, dass keine einzige Organisation zu viel Einfluss über den Gesamtprozess erhält. Das Vertrauen in eine Lösung, auf welche zunächst nur ein Unternehmen (hier IBM) direkten Einfluss hätte, ist nicht zwingend hoch. Darüber hinaus besteht keine Garantie über die zukünftige Sicherheit der heute angewandten kryptografischen Methoden. Wenn die verfügbare Rechenkapazität von Computern langfristig weiter steigt und auch Quantencomputer effektiv nutzbar werden, könnte es sein, dass die Verschlüsselung der Hashwerte bei der Signatur nicht ausreicht. Richtwerte für die Schlüssellänge werden deshalb alle paar Jahre durch z. B. das BSI angepasst. Aus den entschlüsselten Hashwerten kann möglicherweise in Zukunft effektiver der ursprüngliche Inhalt abgeleitet werden. Sofern er nicht abgeleitet werden kann, können trotzdem verschiedene Wertkombinationen als Eingabe für die Hashfunktion durchprobiert werden (Brute-Force Angriff), um diese dann mit den Werten realer Datensätze abzugleichen. Ähnliche Verfahren werden bereits heute zur Extraktion von Passwörtern aus gestohlenen Datenbanken angewendet. Auch wenn diese Gefahr eventuell erst in vielen Jahren real wäre, besteht dann trotzdem das Potenzial für den Diebstahl personenbezogener Daten.

Praktische Implementationen

In diesem Teilkapitel werden weitere Systeme und Projekte vorgestellt, welche zur Speicherung von digitalen Identitäten dienen. Auch die Vorteile eines erfolgreichen Identity Managements bzw. einer Identity Management Lösung für dahinterliegende Geschäftsprozesse werden dabei erläutert.

SAP® Identity Management

Der Konzern SAP SE bietet viele verschiedene Softwareprodukte für Unternehmen an, welche oft eng zusammenarbeiten. Weitere Lösungen können über zahlreiche Schnittstellen an beispielsweise die ERP-Systeme, wie SAP S/4HANA® angeschlossen werden. Damit kann auch eine Mischung aus Software, welche lokal im Unternehmen gehostet wird (On Premise) mit Cloud-Produkten entstehen. Um Benutzer, sowie deren Berechtigungen einheitlich zu pflegen bietet die SAP SE ein Identity Management (IdM) an. Technisch ist das IdM ein eigenständiges Programm. Über APIs (Programmierschnittstellen) können On-Premise und Cloud-Softwareprodukte an das IdM angeschlossen werden. Selbst die Benutzer von nicht-SAP® Software können (nach Implementation der Schnittstellen) mit dem IdM verwaltet werden. Kernvorteile des SAP® IdM sind:

Automatisierung

Durch regelbasierte Zuweisung und Entzug von Berechtigungen z. B. beim internen Wechsel eines Mitarbeiters, einer Neuanstellung oder Entlassung können manuelle Arbeitsschritte automatisiert werden. Approval-Workflows können dabei integriert werden.

Reporting und Compliance

Um ein vollständiges Bild über sämtliche Berechtigungen oder vorliegenden Daten eines Nutzers oder einer Rolle zu erhalten, können z. B.

Reports erstellt werden. Auch Sicherheitsanforderungen für das Passwortmanagement können im IdM realisiert werden und werden so für alle betrieblichen Anwendungen parallel in Kraft gesetzt.

Zentralisierung

Durch die Möglichkeit zur Integration verschiedener Systeme sind auch die Datenquellen für Benutzerinformationen potenziell umfangreich. Berechtigungen verschiedener Systeme können im IdM zusammengelegt werden, sodass die Zuweisung von Geschäftsrollen im IdM gleichzeitig den Zugriff auf alle Systeme erlaubt. Durch die Virtualisierung von Identitäten bietet der Virtual Directory Server als Teil des IdM die Möglichkeit, eine konsistente und auf Echtzeit-Daten basierende Sicht auf verschiedene Quellen von Benutzerdaten zu erhalten. Eine echte Zusammenlegung der Daten ist dafür nicht notwendig. Auch Änderungsoperationen in den Quellsystemen können durchgeführt werden.

Insbesondere SAP® Cloud-Dienste, inklusive Software von Drittanbietern, welche auf der SAP® BTP (ehemals Cloud Platform) laufen, profitieren auch von den Single Sign On-Möglichkeiten (SSO) des IdM. Somit ist nur eine Authentifizierung auf einer unterstützten Website nötig, um dann verschiedene Dienste nutzen zu können (ohne erneuten Login).[177]

Europäische digitale Identität

Auch die EU arbeitet an einem Verfahren zur Umsetzung einer digitalen Identität. Ziel ist die standardisierte, EU-weite Anerkennung eines digitalen Identitätsnachweises und der Erbringung weiterer persönlicher Informationen. Die Nutzer sollen dabei genau nachvollziehen und kontrollieren können, welche Informationen wirklich ausgetauscht werden. Die Speicherung soll in privaten digitalen Brieftaschen per Smartphone-App

---

[177] vgl. SAP 2019, RZ10 Mindsquare (2021)

ablaufen. Die Authentizität von amtlichen Informationen soll über Signaturverfahren gewährleistet sein.

Mögliche Use Cases laut der Europäischen Kommission sind:

- Öffentliche Dienste (Beantragung von Dokumenten bei Ämtern, Ärzten o.Ä.)
- Eröffnung eines Bankkontos
- Einreichung von Steuererklärungen
- Bewerbung an Hochschulen im europäischen In- und Ausland
- Altersnachweis
- Anmietung von Autos mit digitalem Führerschein
- Hotel Check-In

Die Zielsetzung der EU ist somit vergleichbar mit bereits erläuterten Plänen von IBM. Auch technologisch werden durch die EU ähnliche Verfahren zur digitalen Signatur angewendet werden, um Informationen zu verifizieren. Von der Anwendung der Blockchain-Technologie spricht die Europäische Kommission jedoch bisher nicht.[178]

Als Vorreiter für ein derartiges Projekt kann Estland gesehen werden. Einerseits können Bürger aus Estland sich schon seit einigen Jahren mit ihrer ID-Card (äquivalent zum Personalausweis) im Internet identifizieren und Dokumente signieren. Die ID-Card wird dazu entweder direkt in den Laptop des Nutzers oder in ein externes USB-Kartenlesegerät gesteckt. Durch die Apps Mobile-ID und Smart-ID können Estländische Bürger ihre Identität auch in Smartphones und Tablets hinterlegen und diese dann gleichermaßen verwenden, wie die ID-Card.[179]

---

[178] vgl. Europäische Kommission (2021)
[179] vgl. E-Estonia (2021)

Einfluss der Covid-19 Pandemie

Durch die seit Februar 2020 auch in Deutschland aktive Covid-19 Pandemie kam es zu starken Einschränkungen des beruflichen und öffentlichen Lebens. Durch Kontaktbeschränkungen werden Angestellte aus den üblichen Büros ins Home-Office verlagert, Prozesse an öffentlichen Ämtern verkompliziert und verlangsamt und persönliche Treffen (privat und geschäftlich) nur unter strikten Voraussetzungen erlaubt.[180] Das Fehlen von standardisierten Wegen zur Authentifizierung per Personalausweis und teils mangelhafte Netz-Infrastruktur erschweren den Umgang mit diesen Beschränkungen erheblich. Somit liegt die These nahe, dass die Pandemie ein starker Treiber und Katalysator zur Entwicklung von Lösungen für digitale Identitäten ist. Um dies zu überprüfen, werden im Folgenden zunächst die wichtigsten Herausforderungen weiter präzisiert. Anschließend wird geprüft, inwiefern nutzbare Verfahren für digitale Identitäten bereits entstanden sind und sich verändert haben. Schlussendlich soll beleuchtet werden, wie die tatsächliche Nutzung der Verfahren ausfällt und ob diese sich durch die Pandemie verändert hat.

Herausforderungen

Insgesamt betrachtet bringt die räumliche Trennung durch die weitreichende Implementation des Home-Office die signifikantesten Veränderungen aus technischer Sicht.

Grundsätzlich resultiert daraus das Problem, dass Angestellte nicht zusammen aus einer geschützten Netz-Infrastruktur heraus arbeiten. Die Sicherheit, welche durch ein Intranet mit fest definierten und engmaschig kontrollierten Aus- und Eingangspunkten zum Internet entsteht, fällt zunächst gänzlich weg. Kompensiert wird dies teilweise durch die Nutzung

---

[180] vgl. Bundesregierung (2020)

von VPN-Zugängen. Somit findet dort eine erste Abfrage der Identität des Nutzers statt.

Da die Angestellten aus dem Heimnetzwerk und unter Umständen mit Privat-Computern arbeiten, entstehen weitere Sicherheitsrisiken. Eine Kontrolle der tatsächlichen Sicherheit im Heimnetzwerk der Angestellten können die Unternehmen sehr wahrscheinlich nicht leisten. Die Anfälligkeit für Schadsoftware liegt bei Heimrechnern somit potenziell auch höher. Der Diebstahl von Passwörtern, insbesondere bei Führungspositionen kann daher erleichtert werden. Darüber hinaus erschwert die Heterogenität der Netzwerkkomponenten möglicherweise die Einführung bestimmter Sicherheitsmaßnahmen bei Angestellten zuhause.

Veränderung der Verfahren

Allgemein sind digitale Identitäten kein neues Thema. Jede Registrierung in einem Onlineshop erstellt ein digitales Abbild der eigenen Identität – dies geschieht spätestens seit dem Boom der „New Economy" in den frühen 2000er-Jahren tagtäglich in hunderttausenden Fällen. Dementsprechend hat die Entwicklung von sicheren Authentifizierungsverfahren, sicheren Strukturen zur Speicherung von Benutzerdaten sowie die effiziente Verwendung der Benutzerdaten seit langer Zeit eine hohe Relevanz für Unternehmen und Forschung. Auch die Ansätze zur Integration von digitalen Signaturen zur Authentifikation in z. B. den Personalausweis sind keine Neuerung; In Estland wurde 2007 die erste Wahl elektronisch angeboten, bei der die ID-Card zur Identifikation genutzt wurde. Insofern lässt sich sagen, dass auch während der Pandemie keine neuen, bisher unbekannten Technologien oder Verfahren zur Erfassung und Verarbeitung digitaler Identitäten entstanden sind. Dem gegenüber steht jedoch die Notwendigkeit, bestehende Technologien vermehrt zu nutzen.

Digitale Identitäten und deren Entwicklung während der Covid-19 Pandemie

Veränderung der Nutzung

Eine durch das BSI veröffentlichte Umfrage von Unternehmen hat untersucht, welche technische und organisatorischen Maßnahmen getroffen werden, um mit der aktuellen Situation umzugehen.

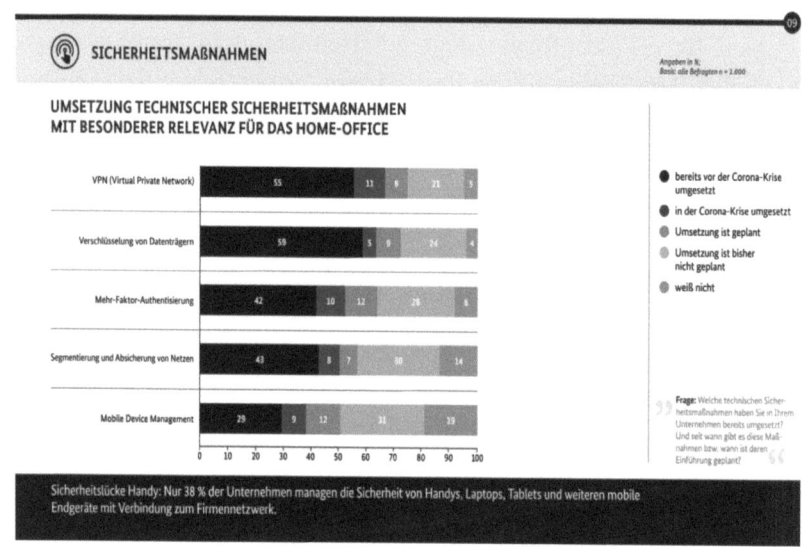

Abbildung 17: Umsetzung technischer Maßnahmen (s. BSI 2021)

Wie aus Abb. 1 hervorgeht, hat über die Hälfte der befragten Unternehmen bereits VPN-Zugriffe, sowie die Verschlüsselung von Datenträgern vor Beginn der Covid-19 Pandemie vorgenommen. Auch die Nutzung von Mehr-Faktor-Authentifizierung (Authentisierung wird hier als Teil der Authentifizierung angesehen) und die Segmentierung und Absicherung von Netzwerken werden in der Praxis häufig vorgenommen. Auffällig ist jedoch auch, dass nur maximal 22 % der befragten Unternehmen die Maßnahmen während der Pandemie umgesetzt haben oder die Umsetzung noch planen. Insbesondere die Nutzung von Mehr-Faktor-Authentifizierung erhöht die Resistenz gegen den Diebstahl von Passwörtern maßgeblich und sollte dementsprechend genutzt werden.

Ein ähnliches Bild lässt sich auch aus Abb. 2 entnehmen. Hier gibt immerhin ein Großteil der Unternehmen an, dass sie bereits Mitarbeitersensibilisierung betreiben, sowie über ein Notfallmanagement und eine IT-Sicherheitsstrategie verfügen. Über 20 % der Befragten geben bei diesen Punkten im Übrigen an, dass die Umsetzung während der Pandemie stattgefunden hat, oder noch geplant ist.

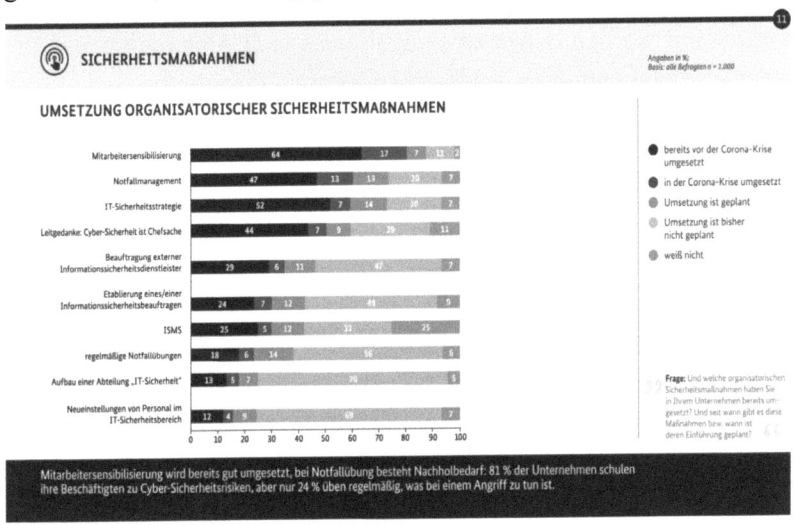

Abbildung 18: Umsetzung organisatorischer Maßnahmen (s. BSI 2021)

Von weitreichenden Veränderungen im Umgang mit der Situation kann insgesamt aber nicht gesprochen werden. Teilweise liegt das daran, dass die Unternehmen auch vor der Pandemie bereits hohe IT-Sicherheitsstandards hatten und dementsprechend technisch und organisatorisch recht gut vorbereitet waren. Ein Grund dafür, dass nicht noch mehr Unternehmen strengere Sicherheitsmaßnahmen einführen, lässt sich aus Abb. 3 entnehmen. Über alle Unternehmensgrößen hinweg stufen 49 % der Unternehmen den Schaden durch Cyber-Angriffe während der Pandemie für ihr Unternehmen als „weniger schwer" oder „unbedeutend" ein. Daher ist es wenig verwunderlich, dass IT-Sicherheitsbudgets nicht stark erweitert werden. Ganz besonders, weil viele Unternehmen während der Pandemie ohnehin geschäftlich weniger erfolgreich sind.[181]

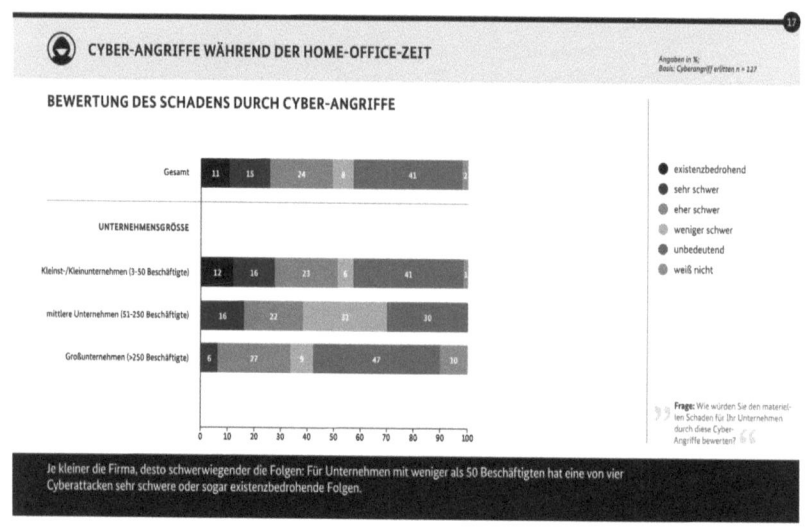

Abbildung 19: Bewertung des Schadens durch Cyber-Angriffe (s. BSI 2021)

In der Umfrage nicht beachtet war die Nutzungsentwicklung digitaler Signaturen während der Pandemie. Der weltweit größte Dienstleister für

---

[181] vgl. BSI (2021)

elektronische Signaturen ist der US-Konzern Docusign. Im Geschäftsjahr 2020 (01.02.2019 – 31.01.2020) hat das Unternehmen einen Gesamtumsatz von 973.971.000 $ erwirtschaftet. Im darauffolgenden Geschäftsjahr (01.02.2020 – 31.01.2021), welches fast vollständig in den Zeitraum der Covid-19 Pandemie fiel, betrug der Gesamtumsatz 1.453.047.000 $. Diese Steigerung von 49 % ist definitiv ein starker Indikator für die gestiegene Nachfrage.

Fazit

Abschließend ist festzuhalten, dass die technologische Vielfalt hinter der Erfassung digitaler Identitäten größer ist, als man es im ersten Moment erwarten könnte. Insbesondere durch Faktoren, welche bei der risiko- und verhaltensbasierten Authentifizierung zum Einsatz kommen, können Personen, welche einem System bereits bekannt sind, erneut identifiziert werden.

Dadurch, dass digitale Identitäten seit vielen Jahren im Internet eine große Rolle spielen, sind die heute bekannten Verfahren und Technologien keine wirklichen Neuerungen mehr. Somit ist auch eine Entwicklung neuer Technologien durch die Covid-19 Pandemie nicht zu beobachten. Darüber hinaus haben viele Unternehmen auch vor der Pandemie bereits die vorhandenen Technologien benutzt. Im Bereich der digitalen Signaturen gibt es jedoch beträchtliche Steigerungen des Gesamtmarktes. Auch bereits bestehende Projekte, wie die Schaffung einer EU-weit einheitlichen digitalen Identität werden durch die Pandemie relevanter und möglicherweise daher beschleunigt.

Die Pandemie kann somit als beschleunigender Faktor für die Implementation vorhandener Technologien angesehen werden. Besondere Relevanz für die Pandemie hätte beispielsweise die Speicherung von Impfdaten in der EU-Digital Identity.

Verwendete Literatur

Apple (2021): Logging a User into Your App with Face ID or Touch ID, [online] https://developer.apple.com/documentation/localauthentication/logging_a_user_into_your_app_with_face_id_or_touch_id [abgerufen am 10.08.2021]

Apple (2021) [2]: Wenn eine App deine Aktivitäten verfolgen möchte, [online] https://support.apple.com/de-de/HT212025 [abgerufen am 12.08.2021]

Alzubaidi, A./Kalita, J. (2016): Authentication of Smartphone Users Using Behavioral Biometrics, in IEEE Communications Surveys & Tutorials, vol. 18, no. 3, pp. 1998-2026, thirdquarter 2016, doi: https://doi.org/10.1109/COMST.2016.2537748 [abgerufen am 15.08.2021]

BSI (2021): IT-Sicherheit im Home-Office im Jahr 2020, [online] https://www.bsi.bund.de/DE/Themen/Unternehmen-und-Organisationen/Cyber-Sicherheitslage/Lageberichte/Cyber-Sicherheitsumfrage/IT-Sicherheit_im_Home-Office/it-sicherheit_im_home-office_node.html [abgerufen am 03.09.2021]

Bundesregierung (2020): Telefonschaltkonferenz der Bundeskanzlerin mit den Regierungschefinnen und Regierungschefs der Länder am 15. April 2020 [online] https://www.bundesregierung.de/breg-de/themen/coronavirus/bund-laender-beschluss-1744224 [abgerufen am 27.03.2022]

Docusign (2021): Financial Reports, [online] https://investor.docusign.com/investors/financial-information/financial-reports/default.aspx [abgerufen am 04.09.2021]

Europäische Kommission (2021): Europäische digitale Identität, [online] https://ec.europa.eu/info/strategy/priorities-2019-2024/europe-fit-digital-age/european-digital-identity_de [abgerufen am 02.09.2021]

E-Estonia (2021): e-identity, [online] https://e-estonia.com/solutions/e-identity/id-card [abgerufen am 02.09.2021]

IBM (2021): IBM Verify Credentials: transforming digital identity into decentralized identity, [online] https://www.ibm.com/blockchain/solutions/identity#1860481 [abgerufen am 22.08.2021]

IBM (2021) [2]: Your education on trusted identity starts here, [online] https://www.ibm.com/blockchain/solutions/identity/networks [abgerufen am 22.08.2021]

IBM (2021) [3]: Decentralized Identity Introduction, [online] https://www.ibm.com/downloads/cas/OPEQYEL7 [abgerufen am 22.08.2021]

Jain, Anil K./ Ross, Arun/Prabhakar, Salil (2004): An introduction to biometric recognition, [online] "IEEE Transactions on Circuits and Systems for Video Technology, vol. 14, no. 1" doi: https://doi.org/10.1109/TCSVT.2003.818349 [abgerufen am 10.08.2021]

Kaur, Ravneet/Kaur, Amandeep (2012): Digital Signature, 2012 International Conference on Computing Sciences, [online] https://ieeexplore.ieee.org/stamp/stamp.jsp?tp=&arnumber=6391693 [abgerufen am 05.08.2021]

Microsoft (2021): So funktioniert's: Azure AD Multi-Factor Authentication, Microsoft, [online] https://docs.microsoft.com/de-de/azure/active-directory/authentication/concept-mfa-howitworks [abgerufen am 05.08.2021]

National Cyber Security Centre (2020): Design and build a privately hosted Public Key Infrastructure, [online] https://www.ncsc.gov.uk/collection/in-house-public-key-infrastructure/pki-principles/protect-your-private-keys [abgerufen am 05.08.2021]

RZ10 Mindsquare (2021): SAP Identity Management, [online] https://rz10.de/knowhow/sap-netweaver-identity-management/ [abgerufen am 01.09.2021]

SAP (2019): SAP Identity Management Overview, [online] https://www.sap.com/documents/2014/11/98bf0553-5a7c-0010-82c7-eda71af511fa.html [abgerufen am 01.09.2021]

Tag Cyber/Sailpoint (2021): Protecting Digital Identity from Cyber Compromise, [online] https://www.tag-cyber.com/downloads/Identity-Governance-Market-Insights.pdf [abgerufen am 05.08.2021]

Wiefling S./ Lo Iacono L./Dürmuth M. (2019): Is This Really You? An Empirical Study on Risk-Based Authentication Applied in the Wild. In: Dhillon G., Karlsson F., Hedström K., Zúquete A. (eds) ICT Systems Security and Privacy Protection. SEC 2019. IFIP Advances in Information and Communication Technology, vol. 562. Springer, Cham, https://doi.org/10.1007/978-3-030-22312-0_10 [abgerufen am 12.08.2021]

Reife der organisatorischen Sicherheitsanforderungen unter Berücksichtigung von COVID 19

Wie lässt sich die Reife einer Organisation bezüglich der IT-Sicherheitsanforderungen bestimmen und wie werden die neuen Sicherheitsaspekte der COVID 19 Pandemie berücksichtigt?

Autorin: Saghana Karunakumar

Einleitung

Ziel dieser Forschungsarbeit ist es, mithilfe einer ausführlichen Literaturrecherche und Analyse der aktuellen IT-Schwachstellen in Unternehmen einen Ansatz zur Erweiterung der bereits in der Literatur bestehende Reifegradmodelle zu entwickeln, um bei Unternehmen die Angriffsfläche für Cyberattacken zu reduzieren.

Relevanz der Forschungsfrage

Der digitale Wandel verändert Unternehmen nachhaltig und trägt zur Kostensenkung und Effizienzsteigerung bei. Damit werden Voraussetzungen geschaffen, um auch in Zukunft wettbewerbsfähig zu bleiben. Dadurch wurde aber auch das Thema IT und Cybersicherheit in den letzten Jahren im Unternehmensbereich immer wichtiger. Insbesondere die rapide Zunahme an Cyberangriffen führte zu einer erhöhten Aufmerksamkeit auf diesen Bereich. Digitalisierte Geschäftsmodelle bieten eine größere Angriffsfläche für Cyberattacken, was unter anderem zu einer Behinderung des Unternehmenswachstums führen kann.

Primär die COVID-19 Pandemie hat die Unternehmen weltweit vor Herausforderungen gestellt, denn die Betriebe haben trotz massiver Schließungen von Büros und anderen Einrichtungen versucht, ihr Geschäft aufrechtzuerhalten. Damit wurde aber der IT-Aspekt, also ihr Rechenzentrum, Cloud-Systeme und die digitalen Endgeräte, mit denen die Mitarbeiter nun im Home-Office arbeiten, fokussiert. Somit haben sich die Anforderungen an die digitale Infrastruktur von dem einen Tag auf den anderen Tag deutlich erhöht. Der erhöhte Einsatz der IT führte auch zu einem erhöhten potenziellen Einsatzbereich für Cyberkriminelle, vor denen sich die Unternehmen zu schützen wissen müssen. In Anbetracht dieser Herausforderung wird in dieser Forschungsarbeit versucht, potenzielle Aspekte für ein Meta-Reifegradmodell bzgl. der IT-Sicherheit aufzustellen, welches die neu aufgedeckten Schwachstellen durch die COVID-19 Pandemie inkludiert.

Methodisches Vorgehen

Im Rahmen dieser Forschungsarbeit werden zunächst die Begriffe Cybersecurity, Informationssicherheit und Reifegradmodell definiert, damit auf dem Verständnis dessen im anschließenden Kapitel eine Literaturrecherche zu gängigen Reifegradmodellen erfolgen kann. Anschließend wird eine Übersicht der Reifegradmodelle erstellt. Im nächsten Schritt wird eine Analyse der neu aufgekommenen Schwachstellen in der IT-Landschaft durch die COVID-19 Pandemie durchgeführt. Auf Basis dieses Wissens wird im fünften Kapitel ein Ansatz zur Erweiterung eines Reifegradmodells entwickelt, welcher auch ausgewählte Aspekte der zuvor dargestellten Reifegradmodelle beinhalten wird. Zuletzt wird ein kritischer Blick auf die Möglichkeiten eines solchen Reifegradmodells geworfen und Grenzen und weitere Möglichkeiten aufgezeigt.

Definitionen

Cybersecurity und Informationssicherheit

Cybersicherheit beschäftigt sich mit "allen Aspekten der Sicherheit in der Informations- und Kommunikationstechnik. Das Aktionsfeld der Informationssicherheit wird dabei auf den gesamten Cyber-Raum ausgeweitet. Dieser umfasst sämtliche mit dem Internet und vergleichbaren Netzen verbundene Informationstechnik und schließt darauf basierende Kommunikation, Anwendungen, Prozesse und verarbeitete Informationen mit ein. Häufig wird bei der Betrachtung von Cybersicherheit auch ein spezieller Fokus auf Angriffe aus dem Cyber-Raum gelegt." (BSI)

Die ISO 27000 definiert Informationssicherheit als "die Wahrung der Vertraulichkeit, Integrität und Verfügbarkeit von Informationen, wobei auch andere Eigenschaften wie Authentizität, Verantwortlichkeit, Nicht-abstreitbarkeit und Zuverlässigkeit einbezogen werden können" (ISO-Institut, 2009b, S. 3). Die ISO 27001 ist dabei eine Norm, welche international für die Informationssicherheit in privaten, öffentlichen oder gemeinnützigen Organisationen benutzt wird (vgl. Luber, Schmitz 2017).

Informationssicherheit konzentriert sich auf Informationen, unabhängig von ihrer Form: elektronische, gedruckte und andere Formen von Daten. Werden Daten mit Informationen verglichen, so lässt sich sagen, dass Daten rohe und unstrukturierte Fakten sind, die verarbeitet werden müssen, damit sie eine Aussagekraft erhalten. Informationen sind Datensätze, die entsprechend den gegebenen Anforderungen verarbeitet werden. Es handelt sich also um verarbeitete Daten (vgl. artegic.com n/a).

Grundsätzlich geht es bei der Informationssicherheit um Vertraulichkeit, also den Schutz vor unbefugter Offenlegung von Daten, Integrität, den Schutz vor unbefugter Änderung von Daten und Verfügbarkeit sowie den Schutz vor der Verweigerung zuverlässiger Daten und Dienste (vgl. Kersten, Klett 2012: S.49).

In den letzten zehn Jahren wurden Cybersecurity und Informationssicherheit zunehmend miteinander verschmolzen und oft als gleichwertig behandelt. Diese Verschmelzung wird durch die jüngsten Veränderungen im Bereich der Cybersicherheit unterstrichen, die begonnen hat, die Sicherung von Daten als Teil ihres Bereiches zu betrachten. Es lässt sich jedoch feststellen, dass der Hauptunterschied zwischen Cybersicherheit und Informationssicherheit darin besteht, dass sich die Cybersicherheit auf Governance, Risiko, Compliance, von Technik und digitalen Daten und die zum Schutz eines Unternehmens vor Cyberangriffen erforderliche Technologie konzentriert, wobei in jüngster Zeit ein zusätzliches Interesse an der Datensicherheit hinzugekommen ist (vgl. Klipper 2015: S.20). Im Gegensatz dazu konzentriert sich die Informationssicherheit auf die Daten, unabhängig von ihrer Form und nutzt die zuvor genannten Grundsätze.

Reifegradmodelle

Reifegradmodelle stellen Theorien darüber dar, wie sich organisatorische Fähigkeiten stufenweise entlang eines logischen Reifungsgrades entwickeln. Deswegen werden Reifegradmodelle auch als Wachstumsmodelle, Stufenmodelle oder Stufentheorien bezeichnet.

Reifegradmodelle sind seit ihrer Entstehung auch einiger Kritik ausgesetzt. Zum Beispiel wurden sie als „Schritt-für-Schritt-Rezepte" charakterisiert, die die Realität zu stark vereinfachen und denen die empirische

Grundlage fehlt. Außerdem neigen Reifegradmodelle dazu, die potenzielle Existenz mehrerer gleichermaßen vorteilhafter Pfade zu vernachlässigen (vgl. Plattfaut 2011).

Da Reifegradmodelle Theorien der stufenweisen Evolution darstellen, besteht ihr grundlegender Zweck in der Beschreibung von Stufen und Reifungspfaden. Dementsprechend müssen Merkmale für jede Stufe und die logische Beziehung zwischen aufeinanderfolgenden Stufen expliziert werden.

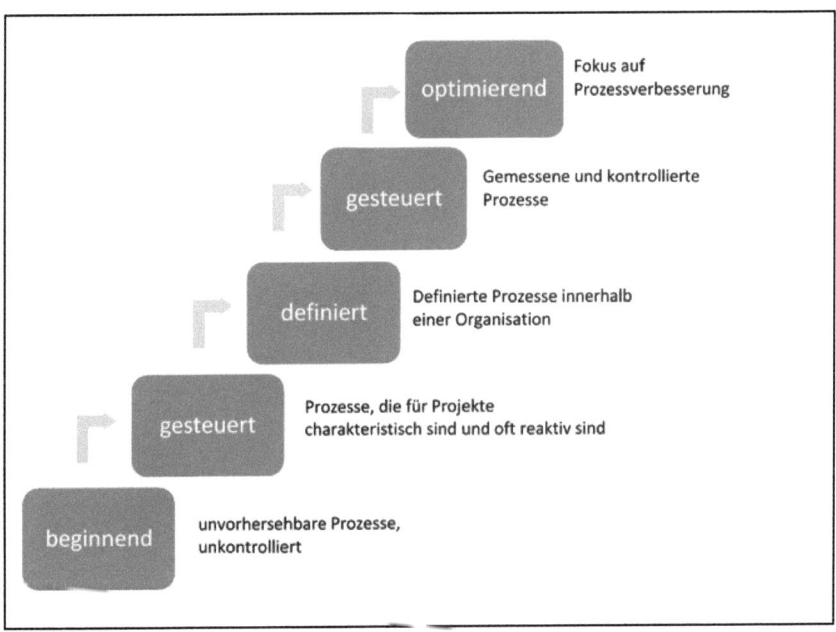

Abbildung 20: Reifegradmodell-Aufbau (eigene Darstellung in Anlehnung an Sally Godfrey (2008))

Ein Modell wird definiert als "etwas, das verwendet wird, um die Funktionsweise und den Mechanismus von etwas anderem darzustellen oder zu erläutern, oder eine vereinfachte Darstellung von etwas anderem".

Modelle können zwei Bedeutungen haben. Zum einen haben sie die referenzielle Bedeutung, die eine wechselseitige Abhängigkeit zwischen Elementen und dem Ursprung herstellt, und zum anderen haben sie die funktionale Bedeutung, die auf der Funktion eines Elements im Modell beruht.

Reifegradmodelle

BSI Reifegradmodell

Das Reifegradmodell des Bundesamts für Sicherheit in der Informationstechnik besteht aus insgesamt fünf Reifegraden. Die Reifegradstufe 0 sagt aus, dass kein Prozess besteht und auch keine Planung dazu vorhanden ist. In der nächsten Stufe besteht in dem Unternehmen bereits die Planung zur Etablierung eines Prozesses, jedoch keine Umsetzung. Im Reifegrad 2 sind Teile des Prozesses etabliert, es fehlt jedoch eine systematische Dokumentation. Darauf folgt Reifegrad 3, bei dem der Prozess vollständig umgesetzt und dokumentiert ist. In der nächsten Stufe wird neben der Umsetzung des Prozesses dieser auch regelmäßig auf seine Effektivität überprüft (vgl. BSI Lerneinheit 9.4; Reifegradmodell).

Systems Security Engineering - Capability Maturity Model

Das Systems Security Engineering Capability Maturity Model (SSE-CMM) beschreibt die wesentlichen Merkmale des Security-Engineering-Prozesses einer Organisation, die vorhanden sein müssen, um eine gute Sicherheitstechnik zu gewährleisten. Das Modell hebt dabei auch die Beziehung zwischen Sicherheitstechnik und Systemtechnik hervor.

Reifegrade von Themenfeldern der Informationssicherheit

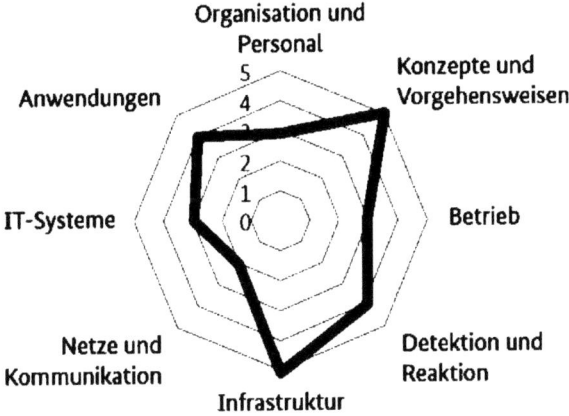

Abbildung 21: Reifegrade von Themenfeldern der Informationssicherheit (BSI)[1]

CMM Modelle werden von Unternehmen meistens zur Verbesserung ihrer Software- und Systementwicklungsverfahren genutzt. Im Bereich der IT-Sicherheit gibt es mehrere Kriterien für die Bewertung von Sicherheitsprodukten, -systemen und -dienstleistungen. Das System Security Engineering Capability Maturity Model ermöglicht, die Fähigkeit zur Anwendung der Prinzipien der Sicherheitstechnik zu messen und zu verbessern. Entwickelt wurde das Modell von der NSA um die bestehenden Sicherheitsmethoden zu verbessern. Das Modell ist in zwei Dimensionen aufgeteilt: Domain und Capability (vgl. Hefner 1998: S.1) Die Domainseite beinhaltet die Praktiken von Prozesskategorien, Prozessbereichen und Basispraktiken.

---

[1] Quelle: https://www.bsi.bund.de/DE/Themen/Unternehmen-und-Organisationen/Standards-und-Zertifizierung/IT-Grundschutz/Zertifizierte-Informationssicherheit/IT-Grundschutzschulung/Online-Kurs-IT Grundschutz/Lektion_9_Aufrechterhaltung/Lektion_9_04/Lektion_9_04_node.html

Basispraktiken	Entwicklungs- oder Managementpraktiken, die dem Zweck eines bestimmten Prozessbereichs dienen.
Prozessbereiche	Gruppen zusammengehöriger Verfahren, die bei gemeinsamer Durchführung den Zweck des Prozessbereichs erfüllen können.
Prozesskategorien	Eine Reihe von Prozessbereichen, die denselben allgemeinen Aufgabenbereich betreffen.

Tabelle 5: Domain Aspekt (eigene Darstellung)

Die Capability-Seite sind die Fähigkeitsstufen, die bei null starten und bis zur Stufe fünf gehen. Ein höheres Niveau bedeutet eine stärkere organisatorische Unterstützung für Planung, Verfolgung, Schulung usw., was zu einer konsistenteren Durchführung der Aktivitäten des Bereichs führt.

Allgemeine Praktiken	Gemeinsame Merkmale	Gemeinsame Ebene
Implementierung oder Institutionalisierung von Praktiken, die die Fähigkeit zur Durchführung eines Prozesses verbessern.	Eine Reihe von Praktiken, die sich mit demselben Aspekt des Prozesses Management beschäftigen.	Eine Reihe von gemeinsamen Merkmalen, die zusammenwirken und eine wesentliche Verbesserung der Fähigkeit zur Durchführung eines Prozesses herbeiführen

Tabelle 6: Capability Aspekt (eigene Darstellung in Anlehnung an Hefner (1998))

Cybersecurity Maturity Model Certification

Die Cybersecurity Maturity Model Certification (CMMC) ist ein Framework des US-Verteidigungsministeriums zur Bewertung der Sicherheit und der Widerstandsfähigkeit von Unternehmen gegenüber. Cyberattacken. Ziel dieses Projektes des US-Verteidigungsministeriums ist es, Schwachstellen in den Lieferketten zu beseitigen und so sich selbst vor Cyberattacken zu schützen. Das CMMC basiert auf vier Elementen: Kontrollpraktiken, Sicherheitsbereichen, Prozessen und Schwachstellen. Durch die Kombination dieser Elemente entsteht ein risikosicherer Schutz, da das Ministerium mit zahlreichen Unterauftragnehmern zusammenarbeitet, die im Besitz sensibler Informationen des Ministeriums sind. Da verschiedene Auftragnehmer Zugang zu verschiedenen Informationsebenen haben, hat das Verteidigungsministerium das CMMC mit einem abgestuften Ansatz geschaffen. Die Auftragnehmer müssen je nach den in Aussicht gestellten Verträgen bestimmte Anforderungen an die Sicherheitstests erfüllen. Der CMMC-Rahmen verfolgt einen 5-stufigen Ansatz. Stufe eins ist die grundlegendste, während Stufe fünf den höchsten Reifegrad darstellt. Um die Zertifizierung für jede Stufe zu erreichen, müssen sie durch die Zusammenarbeit verschiedener Cybersicherheitskomponenten bestimmte Anforderungen erfüllen.

In Stufe eins sind siebzehn Sicherheitskontrollen vorzufinden. Laut diesen müssen Unternehmen Sicherheitsroutinen wie Virenschutz, sichere Passwörter, Multi-Faktor-Authentifizierung sowie eine sichere Wi-Fi-Verbindung nutzen.

Die CMMC der Stufe zwei verlangt von Unternehmen, dass sie mittlere Praktiken der Cybersicherheit dokumentieren, um alle kontrollierten, nicht klassifizierten Informationen zu schützen. Dies geschieht durch die Umsetzung der Vorgaben des National Institute of Standards and Technologys (NIST). Die NIST 800-171 enthält Anforderungen zum Schutz der Vertraulichkeit von Informationen. Um diese Zertifizierungsstufe zu erreichen, müssen die Bestimmungen dieser Sonderveröffentlichung befolgt werden. Zusätzlich zur NIST 800-171 sollte ein Unternehmen über einen Managementplan zur Umsetzung einer hochwertigen Cybersicherheit zum Schutz von nicht klassifizierten Informationen verfügen. Dazu muss die Organisation einen Plan erstellen und pflegen, der ihren Ansatz zum Schutz von Daten und Informationen nachweist.

Um die Zertifizierung der Stufe drei zu bestehen, sollte das Unternehmen die Umsetzung verschiedener Praktiken wie Spamschutz, DNS-Filterung, die Fähigkeit zur Datensicherung und -wiederherstellung, Echtzeitüberwachung und regelmäßige Risikobewertungen nachweisen.

Damit das Unternehmen die vierte Stufe erreicht, sollte es über proaktive Techniken und Strategien verfügen, um u.a. auf Advanced Persistent Threats (APTs) zu reagieren. Unternehmen brauchen ein präventives und umfassendes Cybersicherheitsprogramm zum Schutz von „Controlled Unclassified Information" (CUI). Auf dieser Ebene und darüber hinaus zwingen die Anforderungen die Unternehmen dazu, ihre Systeme auf bestehende Schwachstellen zu testen.

Dies ist die fünfte und höchste Zertifizierungsstufe des Sicherheitsmodells. Sie erfordert, dass Unternehmen einen Mechanismus implementieren, der gewährleistet, dass ihre Sicherheitspraktiken proaktiv optimiert werden. Organisationen, die nach Stufe fünf zertifiziert sind, müssen ein proaktives und fortschrittliches Cybersicherheitskonzept verfolgen. Die Unternehmen müssen ebenfalls den Schutz von CUI vor APTs gewährleisten, jedoch mit einer höheren Intensität als in Stufe vier. Um diese Anforderungen zu erfüllen, sollte ein Unternehmen verstehen, was genau dafür erforderlich ist.

Die fünf Cybersecurity-Reifegrade sind ein wesentlicher Faktor für den Schutz sensibler Informationen vor IT-Risiken und Cyberangriffen (vgl. Fox 2020)

Laz's security maturity hierarchy

Die Modelle von Laz sind auf alle Unternehmen zugeschnitten und schlüsseln jede Geschäftseinheit mit ihrem eigenen Sicherheitsreifegrad auf. Die Hierarchie des Lax-Modells besteht aus fünf Stufen:

Die erste Stufe beschreibt die fehlende Organisation und Struktur der Informationssicherheit. Der Erfolg hängt von den Bemühungen Einzelner ab und kann daher weder wiederholbar noch skalierbar sein. Dies wird darin begründet, dass die Prozesse der Informationssicherheit kaum definiert und dokumentiert wurden, um sie wiederholt abzubilden.

Wenn grundlegende Techniken des Projektmanagements etabliert wurden, können Erfolge wiederholt einberufen werden. In dem Fall liegen die Bemühungen für die Informationssicherheit auf einer wiederholbaren Stufe (Stufe 2). Dies wird durch die eingeführten, definierten und dokumentierten Prozesse begründet.

Die dritte Stufe beschreibt Bemühungen für die Informationssicherheit, bei welchen auf die Dokumentation, die Standardisierung und die Wartung besondere Bedeutung gelegt wird.

Auf der vierten Stufe läuft die Überwachung und Steuerung der eigenen Informationssicherheit einer Organisation über Datensammlung und -analyse.

Bei der fünften Stufe liegt die Aufmerksamkeit auf der ständigen Verbesserung der Informationssicherheit. Hierzu wird das Feedback zu den bestehenden Strukturen und Prozessen ausgewertet und neue Strukturen und Prozesse eingeführt, um damit den Anforderungen der Organisation gerecht zu werden (vgl. Laz 2015)

Cyber Security Capability Maturity Model

Das Cyber Security Capability Maturity Model (CSCMM) zeigt verschiedene Stufen der Cybersicherheitsfähigkeit bzw. -kapazität eines Landes an, was aber auf Organisationen übertragen werden kann (Oxford University, 2014). Die Stufen dieses Modells können verwendet werden, um den Grad der Cyber-Resilienz zu bestimmen. Es handelt sich um die folgenden fünf Stufen der Reife:

- Stufe I: Start-up: Auf dieser Stufe gibt es nur begrenzte oder gar keine Cybersicherheit. Außerdem wurden noch keine konkreten Maßnahmen ergriffen
- Stufe II: Formativ: Einige Aspekte der Cybersicherheit wurden bereits formuliert. Die Maßnahmen sind aber ad hoc, unorganisiert, schlecht definiert oder einfach neu.
- Stufe III: Etabliert: Elemente der Cybersicherheit sind vorhanden und funktionieren, die Cybersicherheit ist funktionsfähig und definiert. Es fehlen aber noch Überlegungen zur Verteilung der Ressourcen und Abwägungsentscheidungen über die zu tätigenden Investitionen.
- Stufe IV: Strategisch: Entscheidungen über Prioritäten der verschiedenen Aspekte der Cybersicherheit sind getroffen, an den Bedürfnissen ausgerichtet und umgesetzt.
- Stufe V: Dynamisch: Es sind klare Mechanismen für die Cybersicherheit vorhanden, um die Cyberstrategie im Hinblick auf das Bedrohungsumfeld zu ändern bzw. ergänzen (vgl. Global Cyber Security Capacity Centre). Eine schnelle Entscheidungsfindung, Neuzuweisung von Ressourcen und ständige Aufmerksamkeit für das sich verändernde Umfeld sind weitere Merkmale dieser Stufe (vgl. Curtis 2015).

Zusammenfassung der Reifegradmodelle

Reifegrad-modell	Schwerpunkt	Level 1	Level 2	Level 3	Level 4	Level 5
BSI Reifegradmodell	Informationssicherheitsprozesse	Fehlend	Wieder holbar	Verwaltet	Strategisch	Optimiert
SSE-CMM	Software Prozess	Initial	Wiederholbar	Definiert	Verwaltet	Optimiert
Cybersecurity Maturity Model	Cybersecurity	Initial	Wiederholbar	Definiert	Verwaltet	Optimiert
Laz's security maturity hierarchy	Informationssicherheit	Fehlend	Wiederholbar	Standardisiert	Verwaltet	Optimiert
Cyber Security Capability Maturity Modell	Cybersicherheit	Start-up	Formativ	Etabliert	Strategisch	Dynamisch

Tabelle 7: Reifegradmodelle-Übersicht (eigene Darstellung)

Jedes Reifegradmodell besteht aus fünf Stufen, dabei starten aber drei Reifegradmodelle (SSE-CMM, Cybersecurity Maturity Model und Cyber Security Capability Maturity Modell) mit einer Basisausstattung an

181

Regulierungen, und zwei (BSI Reifegradmodell und Laz's security maturity hierachy) bei nicht vorhandenen Prozessen.

Cybersicherheit in Bezug auf die COVID 19-Pandemie

Auswirkungen der COVID-19 Pandemie auf die Cybersicherheit

Als die COVID-19-Pandemie sich schnell ausbreitete, vollzogen die meisten Unternehmen einen schnellen Übergang zu einer Remote-Belegschaft und konzentrierten sich stärker darauf, Kunden über digitale Kanäle zu bedienen. Dies führte zu einem rasanten Anstieg der Nachfrage nach digitalen Fähigkeiten, Produkten und Dienstleistungen.

Die digitale Reaktion auf die COVID-19-Krise hat auch neue Sicherheitslücken geschaffen. Angreifer versuchen, die Lücken auszunutzen, die entstehen, wenn Home-Office Mitarbeiter unsichere Geräte und Netzwerke verwenden. Angreifer machen auch Gebrauch von bekannten Angriffstechniken, um die COVID-19-bezogenen Ängste der Menschen auszunutzen. Google zählte beispielsweise im April 2020 täglich mehr als 18 Millionen Malware- und Phishing-E-Mails im Kontext des neuartigen Coronavirus in seinem Dienst (vgl. Rixecker 2020).

Die COVID-19-Pandemie und die Bemühungen zu ihrer Eindämmung hatten schwerwiegende wirtschaftliche Folgen. Diese wirken sich auf die Kerndimensionen des Geschäftsumfelds aus, von digitalen Strategien bis hin zu operativer und unternehmerischer Risikobereitschaft. Eine McKinsey-Umfrage zur digitalen Stimmung ergab, dass die meisten Mitarbeiter, die jetzt aus dem Home-Office arbeiten, nicht damit rechnen, bald an ihren Arbeitsplatz zurückzukehren. 70 Prozent der Befragten sind überzeugt, dass die Möglichkeit, die Home-Office Arbeit fortzusetzen, bei der nächsten Berufswahl eine Rolle spielen wird. Kunden äußern ähnliche Ansichten: 75 Prozent der Befragten, die aufgrund der COVID-

19-Krise digitale Kanäle nutzen, sagen, dass sie dies auch weiterhin tun werden (vgl. McKinsey & Company 2021). Dies hat zur Folge, dass sich die Mitarbeiter im Bereich der IT-Sicherheit neuen Anforderungen stellen müssen. Sie müssen zunächst die neuen Risiken, die sich aus der Umstellung auf eine digitale Remote-Arbeitsumgebung ergeben haben, angehen und die erforderliche Technologie sicherstellen. Sie müssen auch die nächste Normalität antizipieren – wie ihre Mitarbeiter, Kunden, Lieferketten, Vertriebspartner und Branchenkollegen zusammenarbeiten. Auch der neue Kontext des sich ändernden Kunden- und Mitarbeiterverhaltens und eine sich ständig verändernde Bedrohungslandschaft müssen berücksichtigt werden. Daher sollen in diesem Kapitel die Auswirkungen von COVID-19 auf die IT-Infrastruktur identifiziert und anschließend klassifiziert werden.

1.	Domains
2.	Anstieg von COVID 19-bezogenen Phishing- und Ransomware-Angriffen
3.	Erhöhtes Sicherheitsrisiko durch Home-Office
4.	Malware
5.	Nachahmung von Websites
6.	Zunehmende private Nutzung von Firmengeräten
7.	Verwahrung von Unternehmensunterlagen im Haushalt gemäß Datenschutz

Tabelle 8: Gefahren durch COVID 19 (eigene Darstellung)

1. Domains

Die Anzahl der gefälschten Websites durch Cyberkriminelle hat durch die Covid-19 Pandemie auch einen Aufschwung erlebt. Es erscheinen wiederholt Domänen im Internet, die den Namen der Pandemie beinhalten. Während es bei einigen Websites um gerechtfertigt registrierte Websites handelt, haben Cyberkriminelle vermehrt Domänen erstellt, über die Mitarbeiter ihre Unternehmen gefährdeten. Über diese gefälschten Domänen konnten die Kriminellen den Mitarbeitern persönliche Informationen entlocken und diese missbräuchlich verwenden. Die WHO registrierte im Jahr 2020 über 86 000 gefährliche Domains, die Schlüsselbegriffe der aktuellen Pandemie enthielten. Dies wurde unter anderem in den USA und Deutschland festgestellt. Ein Überträger der Malware sind die öffentlichen Clouds, da diese die Gefährdungen und Angriffe nicht abwehren können. (vgl. Yick 2020)

2. Anstieg von COVID 19-bezogenen Phishing- und Ransomware-Angriffen

Eine Studie stellte fest, dass Angreifer die COVID-19 Pandemie als Lockmittel nutzten, um so die Mitarbeiter der Unternehmen und Institutionen zu hintergehen. In dem Moment, wenn die Nutzer ein Tool durch die Pandemie nutzen oder herunterladen, laden sie eine sogenannte und gut versteckte Ransomware herunter, welche diverse Endgeräte befällt. Es wird den Unternehmen angeraten ihre Mitarbeiter diesbezüglich präventiv zu informieren und auf mögliche Gefahren vorzubereiten. Weiterhin sollten die Unternehmen ihre Gefahrenwarntools auf ihre Funktionalität überprüfen und auch die Einflüsse der Mitarbeiter im Ausland fortlaufend beobachten (vgl. Hagel 2021).

3. Erhöhtes Sicherheitsrisiko durch Home-Office

Virtuelle private Netze (VPN) werden vor allem seit der Pandemie an vielen öffentlichen Institutionen genutzt, da diese die Arbeit im Home-Office erleichtern. Sie werden auch weiterhin ein Bestandteil vieler Unternehmen bleiben, sodass ihrer Sicherheit große Aufmerksamkeit gewidmet werden sollte. Eine fehlerhafte Sicherheitskonfiguration könnte dazu führen, dass persönliche Informationen an die Öffentlichkeit und somit in falsche Hände geraten können. Hinzu kommt, dass Mitarbeiter eines Unternehmens ihre privaten Endgeräte für dienstliche Zwecke einsetzen, welches wiederum eine Gefährdung darstellt. Daher sollte zum einen der VPN Service für die dienstliche Nutzung sicher sein, aber zum anderen auch vor der Arbeit mit privaten Endgeräten gewarnt werden (vgl. Micjevic 2020).

4. Malware

Malware bezeichnet eine gefährliche Anwendung, die Geräten mit einem Internetzugang Schaden zufügen kann. Die Auswirkung von Malware auf einem Computer ist der Verlust von Daten und der Ausfall von Systemen, das wiederum zum Stillstand eines Unternehmens führen kann. Das erste Ziel vieler Hacker für Malware sind die mobilen Geräte, da sie über sogenannte Pishing-E-Mails und Anhänge mit Hyperlinks erreicht werden können. Wenn diese mobilen Geräte auch für die geschäftlichen Dienste genutzt werden, kann die Malware auch das System eines Unternehmens befallen. Über Corona-verbundene Websites verbreiten die Cyberkriminellen die Malware oder die Trojaner ohne das Wissen der Unternehmen. Beim Anklicken eines schädlichen Hyperlinks werden die Nutzer von ihren eigenen Geräten ausgesperrt, müssen sich anschließend neu registrieren und sich dann wieder anmelden. Mit einem Tool wie Winlocker werden bei der erneuten Anmeldung die Anmeldedaten übernommen, die dann missbräuchlich genutzt werden können. (vgl. Armstrong 2021)

5. Nachahmung von Webseiten

Der BlackNET Rat ist ein Virus, der vortäuscht, ein Programm zu sein, welches der Harvard-Universität entstammt. Mithilfe dieses Virus können nicht zugelassene Website erstellt werden, die trotzdem den Zugriff durch die Nutzer zulassen. Auch wenn bei einem Zugriff einer solchen Seite, der Browser das Zertifikat der Domäne überprüft, haben Cyberkriminelle einen Weg gefunden durch die Nutzung von Sonderzeichen als eine legitime Website die Überprüfung zu bestehen. Die Hacker beantragen hierbei das Zertifikat einer untergeordneten Domäne der bereits bestehenden gefährlichen Website. Mit Sonderzeichen in ihrer URL erhalten sie ihr Zertifikat, da sie sich damit als der rechtmäßige Eigentümer der jeweiligen Website darstellen (vgl. Zane 2020).

6. Anstieg des privaten Gebrauchs von Unternehmensendgeräten

Die Anwendung von Firmengeräten im Homeoffice hat unter anderem dazu geführt, dass die Unternehmensgeräte auch vermehrt für den privaten Gebrauch genutzt werden. Um das dadurch erhöhte Risiko für die Infizierung mit einer Malware oder Virus zu verringern, ist es empfehlenswert, die verwendete Software von Drittanbietern wie zum Beispiel JAVA und PDF-Reader und die übergeordneten Browser regelmäßig auf den aktuellen Stand zu bringen (vgl. Wingenfeld 2021).

7. Verwahrung von Unternehmensunterlagen im Haushalt gemäß Datenschutz

Vor allem wenn der Arbeitsbereich einen Teil des privaten Haushalts darstellt, sollte dem Aspekt des Datenschutzes besondere Aufmerksamkeit gewidmet werden. Folgende Vorgehensweisen haben sich dabei bewährt: Zum einem eine räumliche Distanz zwischen der Arbeitsstelle und

Aufbewahrung von unternehmensbezogenen Dokumenten und dem Aufenthaltsort der weiteren Haushaltsmitglieder, zum anderen die Verwendung von Kopfhörern anstelle von Lautsprechern (vgl. Widmer 2020).

Zwischenstand und Präventionsmaßnahmen

Um Cyberattacken als Unternehmen zu überleben und im optimalen Fall zu vermeiden, ist es wichtig, ein Framework für die Cybersicherheit, Verhaltensregeln und einschlägige Maßnahmen zu entwickeln, die von unethischem Verhalten, sowohl intern als auch extern, abschrecken. Aufgrund der Risikofaktoren, die mit Personen verbunden sind, die Dienste oder Vermögenswerte einer Organisation betreiben, verwalten oder nutzen, sollte ein Rahmen für die Cybersicherheits-Governance eingeführt werden. Zu den Strategien zur Aufrechterhaltung der Cybersicherheit gehören die Aufrechterhaltung einer guten Cyber-Hygiene, die Überprüfung von Quellen und das Verfolgen offizieller Updates.

Cybersicherheitsprotokolle sollten von denjenigen, die im Home-Office arbeiten, verwendet werden. Bestimmte Protokolle müssen eingehalten werden, da dieses dazu beitragen können, den Druck auf die Cyberlandschaft zu verringern, wenn die Verwaltung der digitalen Plattform auf verschiedenen Ebenen der Organisation ernst genommen wird. Die gemeinsame Nutzung von Plattformen, die Unternehmen das Privileg bietet, Dateien in Echtzeit aus der Ferne auszutauschen, ist mit Authentifizierungsproblemen verbunden. Darüber hinaus ist die Nutzung von VPNs für Remote-Mitarbeiter aufgrund der Verwendung ungesicherter WiFi-Netzwerke an verschiedenen Standorten mit Bedrohungen durch Hacker verbunden. Diese ungesicherten WiFi-Netzwerkverbindungen können die von VPNs bereitgestellten Sicherheitsprotokolle schwächen.

Mitarbeiter, die von anderen Standorten aus arbeiten, sollten VPNs nutzen. Auch wenn dies nicht speziell für den Fernzugriff gilt, untermauern strenge Informationssicherheitsrichtlinien (einschließlich Datenzugriffskontrolle und umfassende Protokollierungs- und Überwachungsrichtlinien) die Sicherheit des Fernzugriffs. Einige Unternehmen haben Schwachstellen bei der Umsetzung solcher Richtlinien und sind daher wahrscheinlicher einem Angriff ausgesetzt, insbesondere während der Pandemie. Um eine mögliche böswillige Nutzung zu verhindern, sollten Kontrollen der Konfigurationen an beiden Enden der Fernverbindung durchgeführt werden. Dies bedeutet, dass Mitarbeiter keine Administrationsrechte auf firmeneigenen Notebooks haben sollten. Sicherheitskonfigurationen und aktuelle Endpunktsicherheitslösungen sollten vorhanden sein (IMF 2020).

Unternehmen sollten zusätzliche Sicherheitskontrollen für kritische Funktionen einführen, die normalerweise nicht aus der Ferne ausgeführt werden dürfen. So sollten sich Benutzer, die solche Aufgaben ausführen, nur mit firmeneigenen und kontrollierten Geräten verbinden, die vollständig gepatcht und auf ein hohes Sicherheitsniveau konfiguriert sind.

Ansatz der Erweiterung für Reifegradmodelle mit Inkludierung der Präventionsmaßnahmen.

Im Rahmen dieser Arbeit wurde festgestellt, dass sich die vorgestellten Reifegradmodelle von ihrem Aufbau sehr ähneln. Daher soll es bei diesem Ansatz eines Meta-Reifegradmodells um eine potenzielle Erweiterung der bestehenden Reifegradmodelle gehen.

Dafür werden die einige der vorgestellten Schwachstellen, welche insbesondere durch die COVID-19 Pandemie verstärkt wurden, aufgenommen und genaue Gegenmaßnahmen entwickelt, welche Teil der Reifegradmodelle werden sollten.

1. Domains/Nachahmung von Websites

Um das Risiko durch sogenannte „Fake"-Domains zu verringern ist es sinnvoll Endnutzer entsprechend zu schulen.

Dabei sollte auf folgende Aspekte besonders hingewiesen werden:

- Website verifiziert?
- URL falsch geschrieben?
- Website-Siegel vorhanden? (TLS/SSL-Zertifikat)
- Datenschutzerklärung vorhanden?
- Kontaktinformationen für das Unternehmen/Organisation, wie Telefonnummer und Adresse auf der Seite auffindbar?
- Korrekte Rechtschreibung und Grammatik genutzt?
- Online-Rezensionen zu der Seite vorhanden?

2. Anstieg von COVID 19-bezogenen Phishing- und Ransomware-Angriffen

Um die Gefährdung über Geschäfts-E-Mails zu reduzieren, ist es sinnvoll, ein Verhaltensprotokoll zu erstellen und die Mitarbeiter in diesem zu schulen. Ein derartiges Verhaltensprotokoll sollte u.a. folgende Inhalte umfassen:

Mitarbeiter sollten skeptisch gegenüber E-Mails von unbekannten Absendern, aber auch von Personen aus dem Unternehmen, die normalerweise die Mitarbeiter nicht direkt kontaktieren würden, sein. Bei derartigen E-Mails sollte in keinem Fall ein Link geklickt oder der Anhang geöffnet werden. Außerdem sollte diese E-Mail auch nicht an Kollegen weitergeleitet werden. Mitarbeiter sollten auch geschult werden, die E-Mail-Adresse selbstständig überprüfen zu können und anschließend feststellen zu können, ob die E-Mail von einem echten Konto stammt oder nicht. Verdächtige E-Mails sollten weiterhin stets der IT-Abteilung gemeldet werden, um Gefahren vom Unternehmen abzuwenden.

3. Erhöhtes Sicherheitsrisiko durch Home-Office

Damit das Sicherheitsrisiko, welches durch die Tätigkeit im Home-Office entsteht, minimiert werden kann, sollten folgende Aspekte beachtet werden:

- Tägliche Software-Updates sicherstellen
- Unsichere Verbindungen meiden, VPN Zugang nutzen
- Passwort-Richtlinien aufstellen und die Einhaltung dieser sicherstellen
- Unbeaufsichtigte Arbeitsplatzgeräte vermeiden

Dies ist insofern ein wichtiger Punkt, dass dadurch aufgezeigt wird, dass die Reifegradmodelle in ihrer bestehenden Form nicht mehr ausreichen. Neben den Sicherheitsaspekten in der IT-Infrastruktur ist es insbesondere auch wichtig, dass vermehrt auf die Mitarbeiter eingegangen wird.

Ein weiterer Aspekt der bislang in den Reifegrademodellen fehlt, sind die besonderen Anforderungen der Arbeit im Home-Office.

	Reifegrad-modell	Schwerpunkt	Level 1	Level 2	Level 3	Level 4	Level 5
Prozesse/ Technologie	BSI-Reifegradmodell	Informationssicherheitsprozess	Fehlend	Wiederholbar	Verwaltet	Strategisch	Optimiert
	SSE-CMM	Software Prozess	Initial	Wiederholbar	Definiert	Verwaltet	Optimiert
	Cybersecurity Maturity Model	Cybersecurity	Initial	Wiederholbar	Definiert	Verwaltet	Optimiert
	Laz's security maturity hierarchy	Informationssicherheit	Fehlend	Wiederholbar	Standardisiert	Verwaltet	Optimiert
	Cyber Security Capability Maturity	Cybersicherheit	Start-up	Formativ	Etabliert	Strategisch	Dynamisch

Tabelle 9: Reifegradmodelle und notwendige Schwerpunkte (eigene Darstellung)

Ausblick und Fazit

Insgesamt lässt sich festhalten, dass die Reifegradmodelle in der Form, wie sie aktuell existieren, nicht wirklich geändert werden müssen, viel mehr müssen sie nur ergänzt werden. Die Literaturrecherche in Bezug auf die Reifegradmodelle war insofern sinnvoll, das festgehalten werden kann, dass sich die meisten Modelle in ihrem Schwerpunkt unterscheiden aber im Aufbau stark ähneln.

Wirft man einen kritischen Blick auf diese Arbeit muss festgehalten werden, dass bei den Reifegradmodellen nicht in die Tiefe gegangen wurde, sondern vielmehr von mehreren Reifegradmodellen eine grobe Übersicht erstellten worden ist. Stattdessen könnte man sicherlich mehr in die Details gehen, genauere Unterschiede festhalten und noch mehr Anpassungen in Kapitel 4 vornehmen. Dieses war im begrenzten Umfang dieser Betrachtung allerdings nicht möglich.

Ziel dieser Arbeit war es nicht, ein Reifegradmodell neu zu entwickeln, sondern existierende Reifegradmodelle anzupassen. In einer weiterführenden Arbeit wäre es aufschlussreich durch Experteninterviews festzuhalten, in welcher Stufe der Reifegradmodelle welche Aspekte der Home-Office- und der Mitarbeitersensibilisierung stattfinden sollten.

Verwendete Literatur

Armstrong, Jonathan (2021): Client Alert: Ransomware – COVID-19 & Upgrading Your Defences; https://www.corderycompliance.com/client-alert-ransomware-covid19-and-upgrading-defences/; [zuletzt aufgerufen am 02.09.2021].

Artegic.com: Wo liegt der Unterschied zwischen Daten, Informationen und Wissen? https://www.artegic.com/de/blog/wo-liegt-der-unterschied-zwischen-daten-informationen-und-wissen/ [zuletzt aufgerufen am 03.02.2023]

BSI Reifegradmodelle: Lerneinheit 9.4: Reifegradmodelle https://www.bsi.bund.de/DE/Themen/Unternehmen-und-Organisationen/Standards-und-Zertifizierung/IT-Grundschutz/Zertifizierte-Informationssicherheit/IT-Grundschutzschulung/Online-Kurs-IT-Grundschutz/Lektion_9_Aufrechterhaltung/Lektion_9_04/Lektion_9_04_node.html [zuletzt aufgerufen am 29.08.2021].

Bundesamt für Sicherheit in der Informationstechnik: Glossar der Cyber-Sicherheit, Bundesamt für Sicherheit in der Informationstechnik, https://www.bsi.bund.de/DE/Themen/Unternehmen-und-Organisationen/Informationen-und-Empfehlungen/Glossar-der-Cyber-Sicherheit/Functions/glossar.html [zuletzt aufgerufen am 29.08.2021].

Curtis, Pamela and Mehravari, Nadar Evaluating and improving cybersecurity capabilities of the energy critical infrastructure, in Technologies for Homeland Security (HST), 2015 IEEE International Symposium on Seite 1–6.

Fox, Jacob (2021): What is Cybersecurity Maturity Model Certification (CMMC)? https://cobalt.io/blog/what-is-cybersecurity-maturity-model-certification-cmmc [zuletzt aufgerufen am 27.08.2021].

Global Cyber Security Capacity Centre: https://gcscc.ox.ac.uk/the-cmm, [zuletzt aufgerufen am 03.09.2021].

McKinsey & company (2021): https://www.mckinsey.de/business-functions/strategy-and-corporate-finance/our-insights/the-workforce-of-the-future [zuletzt aufgerufen am 03.09.2021].

Hagel, Jens (2021): IT-Sicherheit: 6 Coronavirus und IT-Betrugsversuche, auf die jedes Unternehmen achten sollte; https://www.hagel-it.de/it-sicherheit/it-sicherheit-6-coronavirus-und-it-betrugsversuche-auf-die-jedes-unternehmen-achten-sollte.html [zuletzt aufgerufen am 04.09.2021].

Hefner, Reck (1998): The Systems Security Engineering CMM, Network Security https://csrc.nist.gov/csrc/media/publications/conference-paper/1998/10/08/proceedings-of-the-21st-nissc-1998/documents/tutorb5.pdf [zuletzt aufgerufen am 03.02.2023].

Kersten, Heinrich/ Klett, Gerhard (2012): Der IT Security Manager- Grundstrukturen der Informationssicherheit (Aktuelles Praxiswissen für IT Security Manager und IT-Sicherheitsbeauftragte in Unternehmen und Behörden), 3.Aufl., Wiesbaden: Vieweg+Teubner Verlag | Springer Fachmedien.

Klipper, Sebastian (2015): Computer Science and Engineering (German Language), Was ist Cyber Security? In: Cyber Security. Essentials, 1. Aufl., Wiesbaden: Springer Verlag.

Laz (2015): What's Your Security Maturity Level? https://krebsonsecurity.com/2015/04/whats-your-security-maturity-level/ [zuletzt aufgerufen am 05.09.2021].

Luber, Stefan/ Schmitz, Peter: Security Insider, Definition ISO 27001, Was ist ISO 27001? https://www.security-insider.de/was-ist-iso-27001-a-626958/ [zuletzt aufgerufen am 01.09.2021].

Micijevic, Anis (2020): Homeoffice öffnet neue Einfallstore für Hacker; https://www.handelsblatt.com/technik/sicherheit-im-netz/it-sicherheit-homeoffice-oeffnet-neue-einfallstore-fuer-hacker/25646142.html?ticket=ST-2236138-tf4IMfNMmxB3FwWUkAoQ-ap2 [zuletzt aufgerufen am 29.08.2021].

Pwc (2020): How to protect your companies from rising cyber attacks and fraud amid the COVID-19 outbreak, https://www.pwc.com/us/en/library/covid-19/cyber-attacks.html [zuletzt aufgerufen am: 05.09.2021].

Rixecker, Kim (2020): Phishing mit Corona: Google stoppt täglich 18 Millionen betrügerische Mails; https://t3n.de/news/phishing-corona-google-stoppt-18-1271466/ [zuletzt aufgerufen am: 05.09.2021].

Widmer, Florian (2020): COVID-19 and the home office balancing cyber security and productivity, https://www2.deloitte.com/ch/en/pages/risk/articles/covid-19-home-office-cyber-security.html, [zuletzt aufgerufen am 05.09.2021].

Wingenfeld, Thomas (2021): Firmenlaptop privat nutzen: Diese 3 Regeln gelten aktuell; https://www.cnet.de/88192339/firmenlaptop-privat-nutzen-diese-3-regeln-gelten-aktuell/ [zuletzt aufgerufen am 05.01.2022].

Yick, Edmund (2020): Working from home: COVID-19 and the importance of cybersecurity; https://www.orange-business.com/en/blogs/working-home-covid-19-and-importance-cybersecurity [zuletzt aufgerufen am 02.09.2021].

Zane, Bis (2020): Cyber-Angreifer verwenden gefälschte "Corona Antivirus", um das BlackNET Remote Administration Tool zu verbreiten; https://www.cyclonis.com/de/cyber-angreifer-verwenden-gefalschte-corona-antivirus-um-das-blacknet-remote-administration-tool-zu-verbreiten/ [zuletzt aufgerufen am 05.09.2021].

Die Autorinnen und Autoren

Die Autorinnen und Autoren dieses Buches sind 5 Studierende des Masterstudiengangs Wirtschaftsinformatik an der FH Bielefeld und zwei Professoren, die im Folgenden etwas näher vorgestellt werden.

Saghana Karunakumar hat nach dem Abitur am Gymnasium Leopoldinum als Bachelorstudentin 2017 mit dem Studiengang Betriebswirtschaftslehre am Fachbereich Wirtschaft und Gesundheit der FH Bielefeld begonnen und zeitnah angefangen als Werkstudentin bei dem Unternehmen Phoenix Contact GmbH & Co. KG in Blomberg zu arbeiten. Während ihrer Werkstudententätigkeit hat sie Interesse an IT-Themen, insbesondere im Finanzbereich entdeckt und daher ihre Bachelorarbeit und Masterarbeit in Kooperation mit dem Unternehmen in diesem Bereich geschrieben und ihren Master im Studiengang Wirtschaftsinformatik abgelegt. Nach dem erfolgreichen Abschluss hat sie begonnen als Inhouse Consultant bei Phoenix Contact GmbH & Co. KG zu arbeiten.

Marco Penner startete nach seinem Abitur im Jahr 2017 sein Bachelorstudium im Studiengang Wirtschaftsinformatik an der Fachhochschule Bielefeld. Von 2020 bis 2022 absolvierte er sein Masterstudium im Bereich Wirtschaftsinformatik ebenfalls an der Fachhochschule Bielefeld. Seine Masterarbeit schrieb er in Zusammenarbeit mit der Sybit GmbH im Bereich der SAP Customer Experience Lösungen. Im Jahr 2023 hat er bei der Sybit GmbH angefangen als Entwickler im Bereich SAP Commerce zu arbeiten.

Philipp Scholand ist seit dem WS 2020/21 Masterstudent im Studiengang Wirtschaftsinformatik an der FH Bielefeld. Seinen Bachelor im Studiengang Betriebswirtschaftslehre hat er ebenfalls dort absolviert. Herr Scholand befasst sich im Rahmen seiner Masterarbeit mit der Entwicklung eines Lehr-Lernkonzeptes für die SAP-Programmiersprache

ABAP. Derzeit ist er als Werkstudent im Unternehmen Phoenix Contact E-Mobility GmbH im Bereich des Supply-Chain-Managements tätig.

Daniel Schroeder ist seit Oktober 2020 Masterstudent im Studiengang Wirtschaftsinformatik an der FH Bielefeld. Seinen Bachelor of Science in Wirtschaftsinformatik schloss er ebenfalls an der FH Bielefeld ab. Im Rahmen seiner Masterarbeit befasst er sich mit Künstlicher Intelligenz zur Analyse und Vorhersage von Warenbewegungen und arbeitet seit Anfang 2020 als Werkstudent in der Softwareentwicklung.

Amey Shannon Smyth ist seit September 2020 Masterstudentin im Studiengang Wirtschaftsinformatik an der FH Bielefeld. Das Bachelorstudium absolvierte sie 2019 an der Hochschule Hannover im Studiengang Informationsmanagement mit einem Informatik Schwerpunkt. Im Rahmen ihrer Masterarbeit befasst sich Frau Smyth mit IT-Service-Management.

Prof. Dr. Jörg-Michael Keuntje ist seit 1997 Professor für Wirtschaftsinformatik, insbes. Betriebssysteme und Netzwerke in ihren betriebswirtschaftlichen Anwendungen der FH Bielefeld. Zuvor war er von 1990-1997 Systembetreuer bei Bertelsmann Zentrale Informationsverarbeitung (heute arvato systems), Gütersloh, verantwortlich für Betriebssysteme, Vernetzung der Rechner und IT-Sicherheit der Systeme. An der FH Bielefeld hat er das Lehrgebiet Betriebssysteme und Netzwerke unter Berücksichtigung von Rechnersicherheit und Netzwerksicherheit für den geplanten Studiengang Wirtschaftsinformatik aufgebaut. Seitdem hat er den Anteil der IT-Sicherheit mit heute entsprechenden Lehrveranstaltungen im Bachelor- sowie im Masterstudiengang Wirtschaftsinformatik immer weiter ausgebaut.

Prof. Dr. Achim Schmidtmann ist seit 2017 Professor für Wirtschaftsinformatik, insbesondere betriebliche Informationssysteme/ERP-Systeme am Fachbereich Wirtschaft und Gesundheit der FH Bielefeld. Der Fokus seiner Lehre und Forschung liegt in der Beschäftigung mit IT-

Service Management, Informationssicherheitsmanagement, betrieblichen Informationssystemen und dem Informationsmanagement. Von 2006-2017 war Prof. Schmidtmann Professor für Wirtschaftsinformatik am Fachbereich Informatik der FH Dortmund. Als Studiengangsleiter verantwortete er dort den Wirtschaftsinformatik Master sowie seit 2014 als CIO die hochschulweite IT-Strategie der FH Dortmund. Zuvor war er mehrere Jahre als Project Manager bei der Wincor-Nixdorf International GmbH in Paderborn und als Entwicklungsleiter Deutschland beim Internetportal Lycos Europe GmbH in Gütersloh beschäftigt.

Danksagung

Als Herausgeber möchte ich mich zuerst einmal herzlich bei den Masterstudierenden bedanken, denn für Sie war mit der Abgabe der Seminararbeit in diesem Fall die Arbeit noch nicht beendet. Auch meinem lieben Kollegen Jörg-Michael Keuntje sei für die Erstellung eines eigenen Beitrags herzlich gedankt. Danke sei auch meinem lieben Kollegen und Dekan Riza Öztürk für sein Geleitwort gesagt. Außerdem gilt mein Dank der Studentischen Hilfskraft Martin Reimann, der mich bei der Korrektur und Überarbeitung des Manuskripts hervorragend unterstützt hat.

Wirtschaftsinformatik an der FH Bielefeld

An der Fachhochschule Bielefeld studieren aktuell ca. 10.500 Studierende (Stand 12/2022) an den drei Studienorten in Bielefeld, Minden und Gütersloh. Die Hochschule umfasst sechs Fachbereiche und zwar: Gestaltung, Campus Minden, Ingenieurwissenschaften und Mathematik, Sozialwesen, Wirtschaft sowie Gesundheit. Rund 900 Personen (Stand 10/2022) sind dort beschäftigt.

Im Fachbereich Wirtschaft studieren aktuell ca. 300 Studierende in drei Wirtschaftsinformatik Studiengängen. Insgesamt bietet der Fachbereich über 3.400 Studierenden ein attraktives Angebot von 22 Bachelor- und Masterstudiengängen.

Der Bachelorstudiengang Wirtschaftsinformatik wurde bereits im WS 2006/07 eingeführt und erfreut sich seitdem einer großen Nachfrage. Im WS 2016/17 folgte der Masterstudiengang Wirtschaftsinformatik und im WS 2018/19 wurde das Angebot noch um einen praxisintegrierten Bachelorstudiengang Wirtschaftsinformatik erweitert. Alle drei Studiengänge sind anwendungsorientiert und in den aktuellen Forschungskontext der Wirtschaftsinformatik eingebettet.

Die Wirtschaftsinformatik an der FH Bielefeld legt den Fokus des Studiums auf die Gestaltung betriebswirtschaftlicher Informationssysteme, die Digitalisierung betriebswirtschaftlicher Prozesse und IT-Management. Neben der umfassenden Vermittlung von fachlichen Kompetenzen ermöglichen praktische Team-Projekte, Praxisphasen und häufig ebenfalls in Unternehmen durchgeführte Abschlussarbeiten den Erwerb vielfältiger überfachlicher Kompetenzen. Das Ganze wird abgerundet durch eine individuelle Betreuung und engen Kontakt zu den Dozentinnen und Dozenten.

Die Fachgruppe Wirtschaftsinformatik, der aktuell neun engagierte Professoren sowie acht hoch motivierte wissenschaftliche Mitarbeiterinnen und Mitarbeiter angehören, hält engen Kontakt insbesondere zur regionalen Wirtschaft, der auch zur Weiterentwicklung des Studienangebots genutzt wird. Auf dem jährlich stattfindenden Transferforum Wirtschaftsinformatik führt sie Hochschule und Praxis zu aktuellen Themen der Wirtschaftsinformatik zusammen.

Weitere Informationen finden Sie unter:

https://www.fh-bielefeld.de/wirtschaft